U0851111

双龙寨纪事

李谋宏 著

南方日报出版社
NANFANG DAILY PRESS
中国·广州

图书在版编目（CIP）数据

双龙寨纪事/李谋宏著. --广州：南方日报出版社，2018.11
ISBN 978-7-5491-1842-7

Ⅰ.①双… Ⅱ.①李… Ⅲ.①乡村—文化史—西和县
Ⅳ.①K294.25

中国版本图书馆 CIP 数据核字（2018）第 181039 号

SHUANGLONGZHAI JISHI
双龙寨纪事

著　　者： 李谋宏
出版发行： 南方日报出版社
地　　址： 广州市广州大道中 289 号
出 版 人： 周山丹
责任编辑： 郭海珊
装帧设计： 肖晓文
责任校对： 王　燕
责任技编： 王　兰
经　　销： 全国新华书店
印　　刷： 广东信源彩色印务有限公司
开　　本： 889mm×1194mm　1/32
印　　张： 8.125
字　　数： 129 千字
版　　次： 2018 年 11 月第 1 版
印　　次： 2018 年 11 月第 1 次印刷
定　　价： 36.00 元

投稿热线：（020）87373998-0503　读者热线：（020）87373998-0502

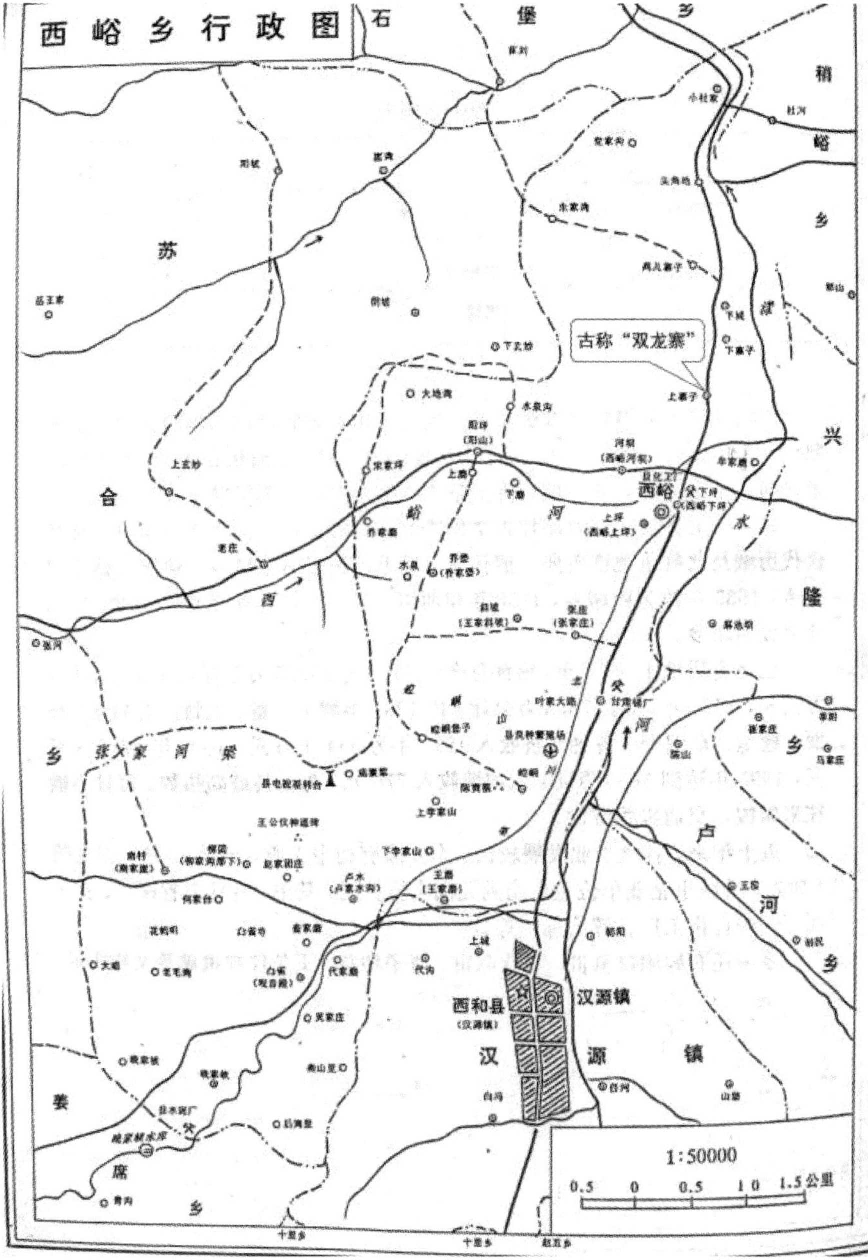

西峪乡行政图
石 堡 乡
稍 峪 乡
苏 合 乡
兴 隆 乡
卢 河 乡
姜 席 乡
西 峪 河
古称"双龙寨"
西峪
西和县
汉源镇
汉 源 镇
1:50000
0.5 0 0.5 1.0 1.5 公里

序

记住乡愁

普瓦利斯曾经说过：“哲学就是怀着永恒的乡愁寻找家园。”

改革开放以来，已经有数以亿计的人加入城镇化建设的洪流，更有许多农民工和高校毕业生从乡村流入城市，今后相当长一段时期内，仍将有数以亿计的人离开故土，进入城市，即使是不同城市间也将有大量人口流动。伴随人群的集体性流动，原有的村镇乃至城市面貌都会发生巨变，以至借以寄托乡愁的一些载体也很可能被湮没。

习近平总书记在中央城镇化工作会议上指出，城镇建设，要体现尊重自然、顺应自然、天人合一的理念，依托现有山水脉络等独特风光，让城市融入大自然，让居民望得见山、看得见水、记得住乡愁。李克强总理在政府工作报告中明确指出，要坚持走以人为本、四化同步、优化布局、生态文明、传承文化的新型城镇化道路，这里的“生态文明”“传承文化” 等概念，既是新型城镇化的内涵，也有助于人们记住乡愁。党和国家领导人这些富有冲击力的表述，直指一些地方城镇建设中存在的弊端，也为今后城镇化的发展指明了方向。因为盲目冒进的城镇化进程是最容易消减乡愁的。

仔细想来，“望得见山、看得见水”可以通过完善规划来实现，但让人“记得住乡愁”，的确不好操作，因为“乡愁”的载体可能只是引发回忆的一个人物、一件往事，或者是一所祠堂、一座磨坊，或者是一声叮咛、一缕味道，或者是一片云、一棵树，或者是一个背影、一种感悟……有时是很感性、很具体的东西，但有时又是很抽象、很个性化的东西。即使同住一村、同在一巷，不同修养者的乡愁也未必相同；就是同一个人，在不同时期、不同环境下，也可能有不同的乡愁，可能此时是儿时的懵懂记忆，彼时是睹物思人的怀旧，此时是吟风弄月的豪情，彼时是伤春悲秋的感怀……如此复杂、如此多类的乡愁，要使人都说得清、记得住，真的不容易！

要留住乡愁，就要有寄托乡愁的载体。乡愁是对故土的思念、对传统的眷恋，也是情感的归依，这种情感不是浮在空中虚无缥缈的影像，而是同具体的物质、非物质载体紧紧联系在一起的。比如“红墙黛瓦、又见炊烟”的老村子，以及村口的庙宇和老戏台；比如村边的水磨和碾麦场，还有碾盘和磟碡；比如儿时玩耍过的四合院和老胡同，上学放学每天遇见的旧祠堂，摘过果子、打过秋千、掏过鸟窝的老杏树，都是寄托乡愁的物质载体。不仅如此，那几声熟悉的乡音、晚归牧童嘹亮的山歌，抑或意蕴悠长的头发换针的叫卖声，以及深巷的狗吠、庭院的鸡鸣、牛羊的鸣叫，以及捉过鱼虾的淙淙溪流等。又比如村口的大槐树，古老的祠堂、庙宇和戏台等，也许在外人看来没有什么，但对于当地人可能是收工后的休憩之地，是端着碗出来边吃边聊的“沙龙”，是全村的“新闻发布”地，是村民节日的聚会点，是集体祭拜祖先的地方。这些建筑往往能让人记住乡愁、回忆往事，很有必要予以保护。

记住乡愁就必须有使人记得住的老物件、老环境、老味道，让人觉得像小时候经历过的一样，当时什么都是好的，房子不老旧，街道不脏乱，食物总是香喷喷的。这就有必要保留下一些环境优美、底蕴深厚的古老村落，但也要顺应新时代的发展和进步。乡愁有大量个体性的东西，但也有很多共性的东西，比如老祠堂是很多村庄人的共同乡愁。从这个角度上讲，虽然个体的一些乡愁载体可能会不可避免地消失，但老祠堂、老街道、老建筑保存住了后，就保存住了很多群体的乡愁。倘若历史建筑、文化名胜、自然遗产、公共公园等被私人占据，同广大群众隔离，乡愁就有可能变成个别人的乡愁，而不是人民大众的乡愁。

每一个村落都是一个小小的社会生态系统，是有其顽强生命力的：村民们世世代代在那里吃饭，在那里娱乐，在那里聊天，在那里祭祀，他们对那里是熟悉、亲切的。一旦拆掉，原有的生活方式也许就会改变，重建这个“小系统”就非常不容易了。因此，乡村建设都应考虑这些因素。这些客观的存在，也是乡愁的最大载体，其承载的乡俗之厚重、乡情之浓烈、文化之多元等都是值得回味的，但也是最容易在城镇化中消失的。冯骥才先生说，保护传统村落，留住的不仅是个人的“乡愁”，也是整个中华民族的“乡愁”。

记住乡愁并不是拒绝变革、保留落后，而是既发展又保留，在发展中有所保留，既有老的场景在，还有新的进步来。保留古老的村落遗迹也并不妨碍其现代化，可以使其成为古典和现代共存的模板。不能让长大后的人尤其是从大城市返乡村探家的人，觉得家乡还是那么破败凋敝，甚至觉得卫生、饮食、交通等环境适应不了，感觉很多东西都不是原来的模样，给人留下隐隐的遗憾。人就是这么奇怪，故乡变化太大不行，觉得陌生，认不出来了；一点不变化也不行，觉得太死气沉沉了。

当然，留住乡愁最关键是要把人放在首位。要有关注乡村那档子事、记录那档子事的人，并且以关注、记录、寻访、调查、研究为己任，用现代的记录手段记录并整理研究，唤醒尘封的集体文化记忆，也许就能留住渐行渐远的乡愁，这也是我们后辈无奈的选择。但无论是什么载体，都要与人和事特别是与故乡的人和事结合在一起才有生命力，否则就可能失去其勃勃生机，成了博物馆、陈列室。当然，尊重当地的人和事并不意味着不听取专家学者的建议，因为有时候是身在其中却熟视无睹，未必清楚一个建筑、一个手艺活的价值，觉得见怪不怪，等到发现其价值时就太迟了，因此，要把尊重当地人意见和听取专家建议结合起来，在推进新型城镇化过程中留住那一抹淡淡的乡愁。

李谋宏先生的《双龙寨纪事》，不仅可以看作一部厚重的乡村史，记载了上寨村的历史沿革、曾经的辉煌、村落的变迁和乡规民俗，记述了村子里的杰出人物及其事迹，还发掘和传承了地方文化，探究了许多鲜为人知的商贸活动。内容从村境内的街道到乡村小店，从经营门类到经营方式，从境内经营到省外经商，从经营者到商号，从经营方式到经营内容，无不详尽记述，十分丰富。

本书给人最大的感受就是尊重历史、贴近实际、材料鲜活、内容翔实。从经济到政治，从生产到生活，从风情到民俗，从人文到人物，所记所载，紧贴村民，实实在在，形象具体，字里行间散发出的是一股浓浓的乡愁。一些古建筑等物质文化遗产和在乡亲口头流传的“非遗”资料，显得弥足珍贵。《双龙寨纪事》是了解西和社会历史的一扇别开生面的窗口，为编撰地方史料提供翔实可靠的补充资料，也可以作为教育新型农民的通俗生动的好教材。可以预料，今天看来十分常见的生活资料，将来很可能就是社会学家和历史学家梦寐以求的瑰宝。

“人有爱乡心而后有爱国心，不能爱乡而谓能爱国者，是谰语也。”（《辽阳洲志乡土志》卷前）。爱国先爱村，爱村就要懂得村史。《双龙寨纪事》以其特别生动翔实的材料，真诚亲切的叙事，恋乡恋土的情怀，为村民提供了了解家乡、热爱家乡的生动教材，既可教育今人，又可启迪后代。

陇南地方文化研究会理事　魏泽民

前言

遥远的记忆：从明清到民国

在我国古代西北地区的商贸活动过程中，马帮是一个永恒的话题。从唐宋时候起，马帮就成了大山里的运输者。他们把云南的茶叶、四川的丝绸运送到西北地区，然后带着西北地区的皮毛、水烟等回云南、四川，一代又一代人艰难地走在大西北地区和大西南地区的道路上。甘肃是必经之地，通过商贸的方式，马帮将生活用品、生产用品运输到有需要的地方。

马帮从武都、康县进来，进入西和时，石峡镇（石家关）是一个驿站，上寨子是一个驿站，下一站就是礼县的永坪，穿过永坪走甘肃武山，往兰州方向，这是通向西北的大路方向。多少年来，在以骡马为主要负重运输工具的时代，马帮一直按照这个节奏，穿梭在西北和西南的道路上。西和只有一个驿站，就是现在西峪乡的上寨子。这就是我的家乡——甘肃西和上寨村。

从成为驿站开始，这个村庄就因为马帮的经过而改变了生活，一二百年前的生活，让这里的人富足，也让这里的人开始新的生活。西和老辈人有句谚语“先有上下寨子的脚骡店，后有西和县”。马帮在西和县城设有驿站，主要的客栈就在上寨子的上城和下城，下寨大约有六家脚骡店。

双龙寨，通常又叫上寨，在今天西和县西峪镇境内，北距离县城五公里，她背靠着西山，后面是高高的悬帽咀，村庄西北面远远地对着塔子山，东面对着郭家山、茨峪里。祁山—西和公路自南向北穿村而过，通往县城，以西峪河为界，北岸是坪上，中华人民共和国成立前叫烟坊，后来叫刘家铺子，现在叫西峪坪，分为上坪、下坪。北面往天水，以马跑泉位置为界，是下寨村，也是李姓，他们的祖先是从四川过来的，而上寨村人是从陕西过来的。

西峪河自西面从苏合流出来，在西峪坪折成南北走向，直冲上寨子，在上寨村叶家咀被河堤挡住，转向东流，在茨峪口流入漾水河。漾水河自南向北从县城而来，绕村庄东面而过，流出西和界后经过礼县流入燕子河，后注入西汉水，流进嘉陵江，最后汇入长江。西峪河与漾水河相汇，滋润这一方土地，养育这片土地的人。

如果没有那些族人的传说，也许她同她的故事就会随着时间的消逝而被淡忘。她的故事可能终究会被淡忘，然而在她身上发生过的故事始终深深吸引着我，我情不自禁地探寻她的过去，不能不走进历史的故纸堆里，寻访往者生活过的痕迹，给我们以生活的启示。

百年来这里发生过什么？我们记住了什么？

近六十年来这里发生过什么？我们又记住了什么？

到底是什么让我们的生活变得更好，特别是农村的生活？仅仅需要好的环境，还是机会？是等待还是拼搏？是勤勤恳恳还是需要冒险？是积累财富还是要更加积累文化？带着这些思考，我不停地在乡间、长者、建筑、故事堆里寻访和徘徊。然后，我把她的故事讲出来，与大家一起分享，但愿能给我们以启示。

目录

第一章

上寨建庄时间探源和土地流转

第一节　上寨建庄时间

从现有以李姓村民为主的格局来讲，李姓的源流从古到今是绵延不绝的，否则就没有今天的追溯；同样，上寨背靠的西山、面临的漾水河也是一直存在的，否则也没有今天的寻找。但是在探求我们祖先根源的过程中，需要一个人为的时空点来定标，前者可能已不可追溯，而来者犹可记录。选择的这个时空点就是，以李姓占上寨主要人口的时间为节点，以筑上城的时间点为标点，追溯我们的先民，这样有助于参照前后的时间，也方便我们理清寻根的思路。

从现有资料来看，主要有以下几个关键时间点：

举人硃卷上的记录，手抄本的老家谱上记载着“始祖李公讳成明，陕西扶风法门寺人，民籍，大宋时迁居西和”字样，按照这个时间只能说明来西和的时间已经上千年，而到上寨的时间目前仍无从可考。

明天启年间（明熹宗朱由校的年号，1621—1627年）任山东省通判的王服远的坟墓，在康熙新县志和乾隆县志、民国县志上都有记载，从上寨老住户的情况判断，王服远应该是上寨的老住户。直到现在，王服远坟地附近的田一直是上寨耕种的。如果以王服远为上寨的老户基点来计算，那么上寨已经有400年左右的历史，但当初未必叫上寨或者双龙寨。

现在最确切的时间下限是，乾隆三十九年（1774年）的《西和县志》上，已经有“北乡上寨子，离城十四里”的记录，以这个时间点计算的话，上寨至少有240年的历史。

综合上述材料来看，如何确定现在上寨的时间，有两段史料和一个事实能给我们参考。

民国《西和县志》卷八《军政》中，记载了清圣祖（乙卯）康熙十四年（1675年）冬十二月，三藩叛乱时，清朝平叛的军队和吴三桂的叛军，分别以西和西峪堡为据点和西和凤凰山为据点各进行了一场恶战，战争的结果是吴三桂的侄子溃败。

从这一点上讲，当时上寨的位置正在战场的核心地带，未存在有村寨的记录。

先祖李诚明的二儿子的名字叫李玄。从避讳的角度来讲，这个名字应该在康熙以前产生才可以不忌讳，因为康熙皇帝的名字是玄烨。

从这两点来看，并从稳定的角度推测，应该是康熙元年（1662年）前后有了稳定的发展前提。

另一个重要事实是，任何人的生存都要以自然界的开发程度和种植农作物为基础。乾隆年间《西和县志》记载的“日以麦面为饽饼”，并没有现在的番麦和洋芋。这告诉我们，最早是在乾隆后期，西和才大面积种植番麦（玉米）和洋芋（土豆），这些是西和人日常生活中重要的生活资料。

而这两种粮食作物都是在明朝中后期向全国传播的，先有了粮食的保障前提，才有了李姓族人在上寨壮大的可能性。如果没有农作物作为保障，那么不光李姓族人，任何族人都没办法生存或者很难生存，更不用说发展壮大了，这是一个客观的事实。

综上所述，上寨李姓族人发展壮大的时间，最早也是在清康熙元年（1662年），最迟在乾隆三十九年（1774年）。由此可见，距今350—240年这个阶段，是上寨村开始发展壮大的时间。

以此为基点，李姓族人前期的老户很可能是明朝从洪武到永乐年间的移民，这主要是以山西洪洞县大槐树为主的移民潮中的部分，其特点是，移民地无名称的荒地以家族占有的姓氏命名，如某家地、某家山、某家沟、某家峪，以及以驻军为形式的某家堡、某家寨、某家旗等。

这其中不乏二次移民潮或者三次移民潮的可能。主要是原来贫瘠的土地，在农业技术低下的条件下，不能养活人或者让人很难生存。但是随着原来居住地人口的增加，不得不向更边远的地方移民或者开荒，通过增加耕种面积的方式来提高粮食和蔬菜的产量以维持生活。另一个重要原因就是物种的改良，原来的土地很贫瘠，只能种一种粮食，而改种其他良种后有所改善。这样就出现了反向移民的可能，即原来贫瘠的土地，由于新粮食作物，如番麦（玉米）和洋芋（土豆）的引进，在中国大地上确实起到了这样的效果。

第二节　李姓到上寨和上、下城的修建

一、叶李换地

今天上寨的李姓，原本是住在今天的阴坡里；而今天住在阴坡的叶家，原本住在上寨。具体的可考地名就是叶家咀，叶家大地的地方。

相传叶家的先祖有一些手艺活，如编背篓、笼

子、席子等竹器。但是上寨不产竹子，而李家住在阴坡，种了竹子。这样在双方的协商下，李家换到了今天上寨叶家的地，叶家换到了阴坡李家的地。

这个故事同时流传在叶家阴坡和上寨两个村庄，因此换地的可能性是比较高的。

二、李姓下山后驻地的变化

虽然双方换了地，但是住的地方是不够的，李姓下山后，完全没有地方住的人住在窑里，也就是今天的“窑坡窑”，是李姓在上寨住下的第一个可以了解的地方。

随着人口的增加，窑里已经住不下去后，修筑了依山的庄园，现在称为“旧团庄”。

而随着人口的继续增加，到旧团庄也无法居住的时候，就开始筑城，以便容纳更多人。

三、上、下城的修建

上城的修建，先筑的是上城，首要考虑的是安全问题。从明清时期一直到民国，动乱造成的安全问题是最大的问题，所以修城时城的高度、强度是首先需要考虑的因素。若是只有一个城门口，或者城高超过当时一般动乱组织和土匪攻击力量的话，是会被轻易攻打下来的。根据口头上的传说，土城距现在有350—400年历史。从考证的角度讲，通过对黏土的测定或者对夯土中碳化物的测定能定位到较为准确的年代，但是目前由于条件限制，还没有做到精确测量，这仅仅是口头的流传年代。

修建上、下城，基本上按照安全和省力的原则依山而建，这种修建过程是通过挖出城壕、堆积黄土、版筑而建的，如图1.1所示（图为笔者根据观察后绘制）。

四、上城的修建

上城是坐北朝南，字向是辛兼酉。经过对上城的测量，上城是正方形的夯土城。东、西、南、北各 112米左右，城基宽3—3.5米，城墙顶部宽1.5米左右，城高7米左右。取土的方向是南面、西面和北面。筑城时，首先考虑的是取土排水路。上寨的西面是山，东面是川地，所以取土的重点是向西面要土。西面向陈家台的方向取土，这是重点；南面向余家沟前面取土；北面向王家坟湾方向取土。取土筑城后，出于安全的考虑（也有出于风水的考虑），只有南面一个城门。在南面城门下形成一个圆形的坑，风水上取“金盆养鱼”之意。这样，原来散居在各个地方的族人搬迁到城里去住，这是

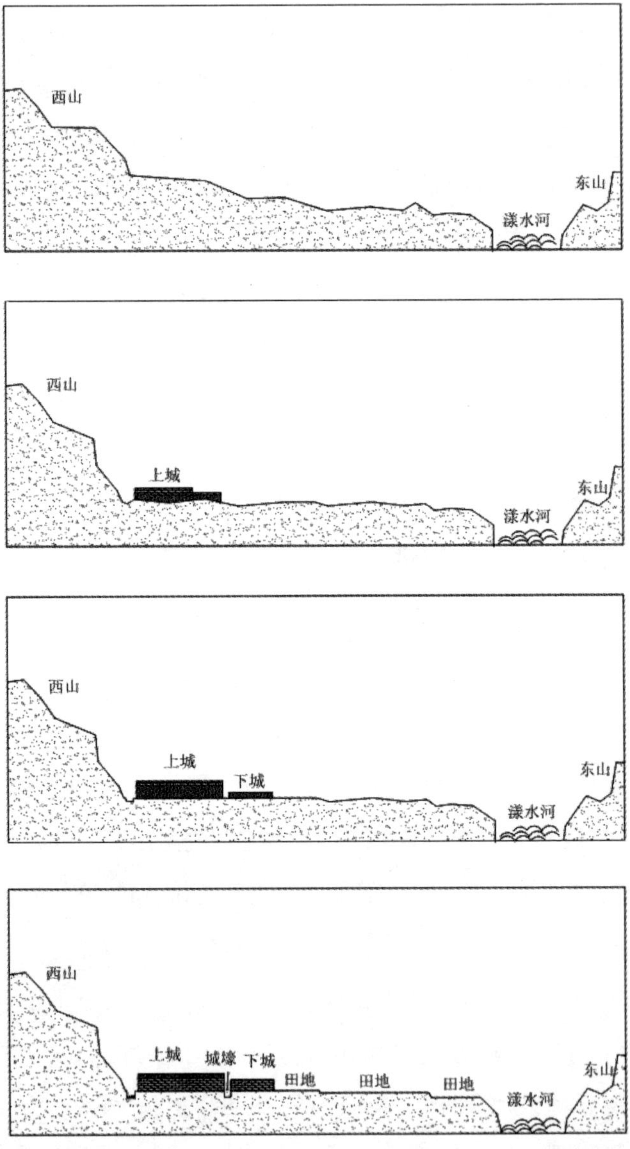

图1.1　修建上、下城示意图

在动乱年代最后的保护办法。

其次，在设计的时候，考虑到筑城的防火、交通和排水问题。城的整体布局为正方形。中间是十字街，环绕城墙是一条环城路，十字街和环城路的宽度为 2.5—3米，是走马车的路。这样的布局将上城的内城分成了基本等分的4个小方块，像一个“田”字。从防火的角度来讲，当时的房子以木料为主，加上人口密集，一个片区着火后如果救不及时的话，就会影响全部人。这样分开后，即使有火灾，也能保证其他片区安全。排水系统走的是凹形路面，前后排水。路面形成凹形，有当时地理条件的原因：其一，在泥土路上修房子时，人们为了避免屋檐水滴下来侵蚀墙角，一般靠房子的一侧墙角高，靠路的一侧墙角相对低。其二，走路的人在中间，容易带走中间的泥土，加上日积月累的踩踏，使得中间低。其三，中间的小路是铺就的石头路，在被雨水冲刷过程中，泥土也被带走，地基越来越下沉。这样一来就形成了中间凹形的路和走水方式。

上城的基本范围大致如下：

上城东西长120米左右

上城南北长112米左右

环城路宽2.5米

十字街宽2.5—3米

土城基宽3—3.5米

城墙上面宽 1.5米

字向是辛兼酉

城墙总高5.5—7米

上城平面如图1.2所示（图为笔者测量后绘制）。

五、下城的修建

下城的修建时间比上城晚，上城的人住不下后才修下城。主要由于人口过剩，下城的修建规模基本上比上城少了一半。

下城的基本范围大致如下：

下城东西长64米左右

下城南北长120米

下城主干道的路宽3.6米

城外主干道的路宽3米

下城居民巷道的路宽1.5—2米

字向是酉兼辛

下城平面如图1.3所示（图为笔者测量后绘制）。

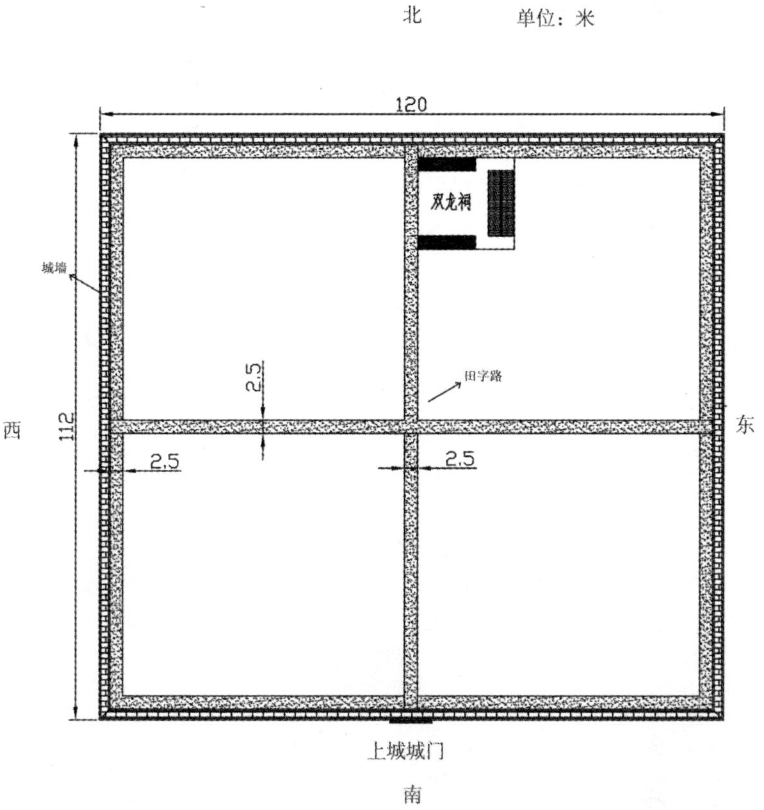

图1.2　上城平面示意图

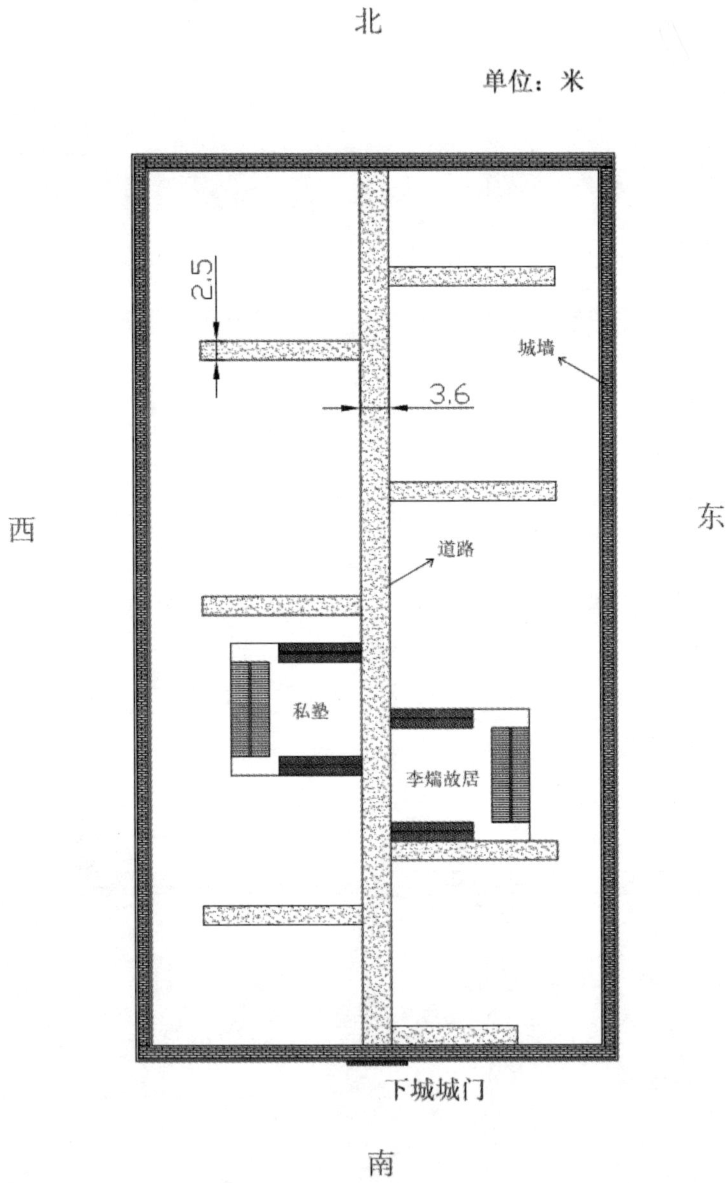

图1.3　下城平面示意图

下城北面的城墙实景如图1.4所示。

图1.4　下城北面的城墙

第三节　上寨土地流转

“普天之下，莫非王土”，在封建社会，土地都是皇帝的，地主也是皇帝家的佃户，但是土地在地方的所有制形式还是有一定的周转性的。

从村里老一辈人的口头叙述可知，从晚清到民国，上寨土地基本上经历了这样一个流转过程：

晚清时，上寨的土地主要为李裕德家族所有。

也就是上寨村的文武双秀才家，也叫老商户家，俗称大商户、二商户、三商户家。由于他们家族的大门很有气派，整体被涂成了黑色，所以也叫黑大门家（详见第六章“近代上寨名人简介”内容），这样，才有足够的钱粮来捐官员。

从清朝末年到民国年间，由于军阀混战，各种苛捐杂税非常多。在经营不善的情况下，土地向新兴的地主流转。当时上寨村主要有两家商户，一家是上城的德义隆商户，另一家是下城的协通源商户。

德义隆商号东家即李启清、李启瑞家族（在国民革命军中任团副，详见第六章“近代上寨名人简介”内容），主要搞运输（脚户老板）和制造水烟，通过种地来经营；协通源商号为李廷瑜、李廷彦家族所有，主要经营药材以及其他一些店铺，其发家主要是在甘肃康县和陕西安康贩卖药材，在康县有了一定的资本后，便在老家开始置地，开商铺，也是上寨村最有影响力的商户。

上城村里靠山的土地是何时从李裕德家族流转到李启清家族的，已经不可考，只能推测是在清末到民国这段时间。据李尚林老人、李实诚老人等回忆，下城的川地大致在1932年开始流转到协通源家族。缘由是1932年左右，老商户三商户家的后人李瑾荣因为私事，被在西和驻军的梁应奎旅长派人抓走，当时李瑾荣被绑双手，拖在马尾巴后面的绳子上，被带进县城去关押。家人为了将其赎出，无奈之下将今天川里的土地出让，凑够了几千大洋。

虽然老商户家已经衰落，但是瘦死的骆驼比马大，情况紧急，赎人要紧。可是，村里虽有想买的人家，但害怕李瑾荣家族秋后算账，竟然没有几个人敢买。后来由有官僚背景的协通源商号（李廷彦在民国盐税局任局长，李廷瑜在教育局任局长）出面，基本上收购了今天川里的大部分土地；举人家族的李永贞也在当时的县衙门（国民政府）里工作，收购了李瑾荣家套里磨背后部分土地。至此，老商户家的土地被新崛起的家族取代。

土地的流转过程中，李裕德家族的土地出让也符合经营方式，先出让的是山地，最后出让的是川地。在黄土高原上，庄稼的好坏取决于是否风调雨顺。能承水的地块理所当然是好地，这其中主要还是考虑以后可以继续经营，甚至是在想赎买回来的可能性下不得已而为之的。

在晚清到民国期间，商户家的固定收入减少，有战争的原因，也有其他原因。由于家族在地方上已经出名，税赋、苛捐杂税、各种摊派等是家族经营败落的重要原因。商户家原来的生财方式由于战乱和土匪等不确定因素不能转型。而赋税只加不减，作为财富形式的土地，在贫困和权势的压迫下完成了流转。古人云：“君子之泽，五世而斩。”在财富的积累过程中，既有努力奋斗的结果，也有机遇的青睐。富裕之家发展起来以后，诸如固定税赋作为刚性支出等各类消费，在晚清到民国时期是个大头，除了家庭的消费性支出，其他开支也多，而收入不见得增加。相对而言，由于家庭环境的改善，后世人中拼搏和奋斗的精神通常是打了折扣的。这使得家庭的光景容易败落下去而不容易发展。这不仅是发展思维方式的问题，还有发展方式的问题，所以转型没有那么容易。衰落几乎不可避免地出现了。用迷信的说法，就是“光阴到头了”。

中华人民共和国成立后，西和进行了土地改革，至此便进入了新时代。

贰

第二章

上寨姓氏源流考

第一节　上寨最早的住户

关于上寨的老户（原住人家），从今天的许多地名仍然能够探寻当年的老户人家。从南到北的上寨村土地上，靠着西山的位置，地名依次大致如下：

叶家咀，叶家大地均为地名，叶家是上寨的老户之一（叶家源自叶家大路上），叶家同李家互换地方后，叶家搬到现在的叶家阴坡和阳坡。

牟家磨，牟姓源自兴隆乡牟家山上人，何年何月搬到此地已不详。牟家磨原来是上寨村，1956年左右人民公社前期的初级社时，牟家磨并入了下坪村。牟姓主要分布在上寨村和下坪村。

范家磨，范家沟里均为地名，范家是上寨村的老户，其中范家的后人发展到张庄村，人丁兴旺，范家的家神庙现在张庄村。

“王家场里”“王家坟湾”“王官人坟”等地名，显示王家的地方。特别是“王官人坟”，为明朝王服远的坟茔地，这是上寨记录里面最早的先民，源自何处不详。

陈家台，晚清到民国年间有酿醋销售，源自何处不详。

余家沟里，现在只有地名，余姓人家不详。

吕家大地、吕家坪，只有地名，源自何处不详。

侯家湾，这块地方靠近悬帽咀，据传说侯家是最早的先民，并且是羌族或者藏族，战争后搬迁至今天的甘南藏族自治州，源流不详。这块地是先民刚刚到荒芜的地方开荒而来的，种地的时候并没有地名，而是直接以开垦者的姓氏来命名，于是成了今天的地名。从通过地名来命名地方这个特点来看，这是当时最老的住户居民，更何况相当多先民后人是今天上寨村的村民。但有些人家已经找不到住户，如吕家、侯家、余家。

先民的老户是前期开垦的居民，主要由于地域性的关系而住在这里。笔者推断他们大概是明朝移民到此地。这些无名的山地、川地都以开垦先民的姓氏来命名。

第二节　上寨李姓的来源

上寨现在的主要姓氏家族李家，祖籍为陕西省扶风法门寺人氏，近代以来可知的最近住址是在今天的叶家阴坡，当时与在上寨叶家咀的叶家互换了地方，以后随着家族的发展，李姓逐渐成了上寨的主要姓氏。

元末明初，李姓族人从陕西扶风县一路走来，走到今天的位置，已经在移民过程中走了六七百年，最终在这里落地生根、繁衍生息。他们中的一些人因为工作、生活的各种原因，也没有停止过前进的脚步，一直在为生活而奔走。

从有姓名的李氏族人先祖李成明（明代改成“诚明”）开始，主要有三支共六房：

第一支现共有四房，李诚明的五个儿子（其中五子未成家先卒，未有后人，故只有四房）。

家神爷李诚明的五个儿子，其后的族人以祖坟地上的植树名称来划分房分，分别是：

大儿子李乾，坟地植柳树，大房的先人坟地称为“柳树坟”，从大房里面分出来的人家统一被称为“柳树坟下”人，柳树坟的位置是在如今大坟湾里下去后靠北面的位置。今天十里乡镇、十里铺村对面黄家山上的李家，都是大房的人，至今还在走亲房祭祖。

二儿子李玄，坟地植椿树，二房先人的坟地称为“椿树坟”，这是上寨（特别是上城人口）的主要房分，是上城人口最多的家族。椿树坟在今天立兴砖厂的南面。

三儿子李亨，坟地植杏树，三房先人的坟地称为“杏树坟”，杏树坟的地方在今天五马爷坟的南边下几个梯田台阶。

四儿子李利，坟地植榆树，地方上读“如树”，榆树坟的位置在今天新庄里的小路上，是上城的大商户、二商户和三商户家族。

五儿子李贞，去巩昌府考试，在考试回来的路上，经过礼县的燕子河时被土匪杀了，因此没有后人。

第二支共有一房，即从陕西投奔过来的侄子一股，称为“小二房”。主要是下城里的小二房伙子里的人，小二房是家神爷的侄子，后期才从陕西过来，是在上寨（上城）建设好后才来的。小二房伙子先人的坟即是今天的大坟湾里，因为是嘉庆年间堆成的并形成了规模，所以俗称“嘉庆坟”，小二房的后辈中分成了三股后辈，主要有三家的坟茔。根据坟的主要朝向是坐西朝东，因此，坟堆的根源从北到南（长房、二房、三房）依次是协通源商户伙子、老爷家伙子、豆腐坊子里。

第三支共有一房，即管家伙计家族一股，称为

“场房里”人家。这是构成李氏家族的主要力量。

场房里的人，其先人是先祖李诚明家族的兼职管家，长工的人都有，因为常年住在碾麦场等放劳动用具的房子里，后来的人就把这个家族的人称为“场房里的人”。

这六房人家构成上寨李姓家族的主要源流，如图2.1所示（图为笔者统计后绘制）：

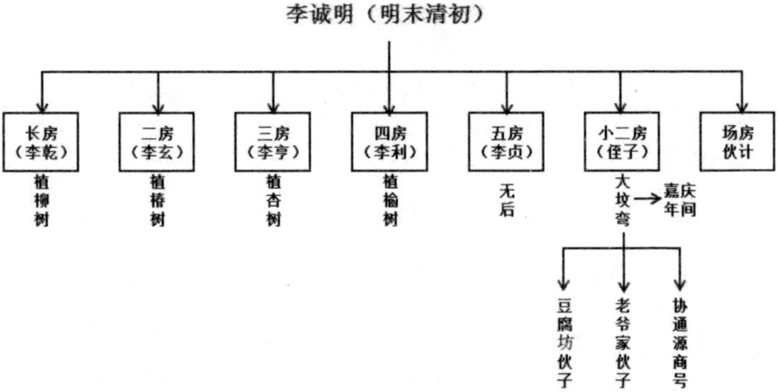

图2.1　李姓源流示意图

第三节 其他姓氏的来源

晚清到民国年间，上寨村作为南北茶马古道上西和县唯一的驿站，占了天时、地利和人和的商业条件。在南北向的大路上，这里店铺林立长300多米，商业发达，以至于有“先有上下寨子的脚骡店，后有西和县”的说法。同时，地下鸦片买卖也异常活跃，加上川里的土地曾经大面积种植鸦片，所以人称“小蓝平”。这样的条件吸引了许多生意人家，他们有的在这条通商大路上生活，有的定居了下来。

现在知道的一些生意人家有：

吴家，在上寨开过脚骡店，源流不详（上店的女婿）。

彭家，为小杜家村后面的彭家山上人，民国年间到上寨。

苏家，回民，原来在盐官，晚清时到上寨开脚骡店。

撒家，回民，在上寨开脚骡店，源流不详。

南家，民国年间在上寨开脚骡店，源流不详。

高家，民国年间在上寨开脚骡店，源流不详。

卢家，民国年间在上寨开小店，为县城南卢水沟人。

方家，民国年间在上寨开脚骡店，为县城方家。

麻家，麻家的家神庙在西峪乡的晚霞湖边上的麻家庄，是西和的麻姓氏源头。晚清到民国年间，麻姓族人中有在县城干得比较好的，一部分人进城了，集中连片住在一个巷子，俗称“麻家巷（巷，读音hàng）”。民国时期到中华人民共和国成立前，现在上寨的麻家在上寨买了地，加上一个先祖娶了上寨的女子做媳妇，直接就在此落户了下来。

这些主要与当时的商业贸易有关，其中有彭家、卢家、苏家留在上寨安家，但这些占少数，主要是商业性的地域关系。

第四节　中华人民共和国成立后新增的姓氏

贺泽福家，退伍军人贺泽福1952年抗美援朝后在上寨安家，开始有贺姓。

杨安平家，1965年前后，甘谷杨氏娶举人孙女，遂在上寨安家。

张田成家，1970年前后，市民下放时，从城里落户到上寨。

以上为构成上寨姓氏的基本源流。图2.2为口头形式流传并扶乩鸾形式的家谱，其中左图为1984年版本，手写蜡纸刻印本；右图为2009年版本，李争峰重新印刷本。

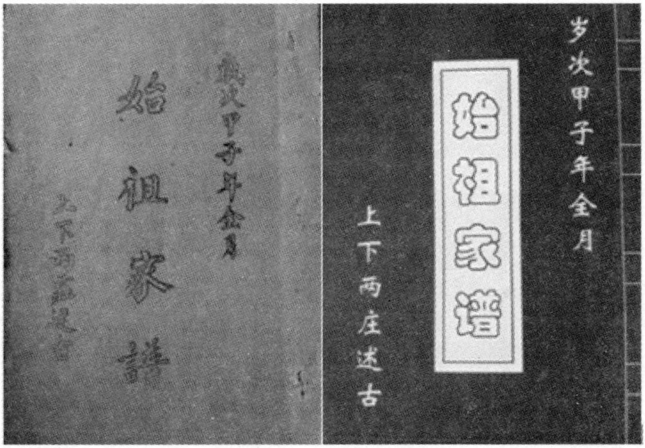

图2.2　家谱照片

第三章 家神庙双龙祠的修建

第一节　双龙寨名字的来历

双龙祠，即口头上常说的家神庙，顾名思义是家族先人的神庙。其实就是宗祠，从明朝开始，朱元璋下旨修家公庙，以宣扬孝道。

什么是双龙？双龙寨是口头上上寨子流传的地名，在1915年的时候，现在的家神庙圆门上有“双龙大寨”的字样记录。所以庙门上的祠堂是以“双龙”命名，称为“双龙祠”。双龙祠圆门上的题额如图3.1所示（图由笔者及其弟弟李红领拍摄）。

民国年间，实行保甲制度，上寨子所在的保甲也是以双龙寨为主体命名的，称为“双龙保”，民国二十五年（1936年）新建设的小学叫“双龙保国民学校”，就建在上寨子的上大路。

晚清到民国的时候，上寨子是西北茶马古道西和的唯一驿站（两端分别是礼县的永坪和成县的石峡），在今天是上大路的下店里，并排开的老字号脚骡店，店号为“双龙栈”，也以“双龙”命名。所以，上寨子一直也叫“双龙寨”。

在口头上，双龙祠被大家称为家神庙，那么谁是家神呢？在以往的故事中，带有成就色彩或者神话

图3.1 圆门题额

色彩的都归功于家神爷，而这样的故事发生了一二百年，现在条件下的人很难活那么长时间，当时的人更没有营养和医疗条件活那么长时间。

在李姓族人后代中，光绪二十年（1894年），下城里的李煓以甘肃省第二名的成绩考中举人，在朝廷刊印的硃卷里就有先祖李诚明的姓名。

据口头上的流传，李姓族人祖上是陕西扶风的法门寺人，元末明初时因为战乱，一路从陕西逃难过来。李姓族人的先祖李诚明是李姓家族成长过程中一个举足轻重的族人，有开创地方之功劳，这个是比较可以接受的。不论在什么样的环境下，李姓族人需要一个带领他们走出苦难的英雄。而李诚明就是李姓族人的英雄，祭拜先民也是子孙应该感恩的事情。

先祖李诚明即是李姓族人经常祭拜的家神爷，而双龙祠（家神庙）更大意义上是祖先的集体。

第二节　先祖李诚明的坟地

家神爷去世后，葬在今天的石堡五台山法镜寺右边的低洼地里。据说是因为那里风水好，左边五台山的绵延山脉是青龙，右边古代岷州旧址石头城遗址为白虎，所谓“青龙白虎拥左右，福人代代出公侯”，前面东方是漾水河从南向北流过，配的是“鲤鱼跳龙门”。古人给自己找好风水，为的是以后儿孙兴旺发达，这样的心思，古今通理。今天的上坟依然是这个地方，家族人对家神的感情是超过现实社会想象的，宗教情结和家族感情延伸混合在一起，不能有任何力量去亵渎它。即使在很紧张的年代，村里人表现出来的激情和力量也是很巨大的。

第三节　家神庙的修建时间

家神庙的位置在上城里，具体的位置在田字格右上角的位置，修建的具体时间已不详，房屋、地基上也没有找到明确的时间记录。

虽然修建家神庙的具体时间不能确定，可喜的是，家神庙圆门的修建时间有明确的记载。1915年春天，为了给当时的家神庙修一个圆门，由当时前清的秀才李莲芳执笔，秀才李镕镜书写，记载了当时修圆门筹备、捐款、建设的过程，这是可信的。更重要的是，光绪二十年（1894年），下城李煓在甘肃省甲午科乡试中考中举人，名列第二，朝廷赐给家公庙的匾额“德裕后昆”。两年后的光绪二十二年（1896年）挂在庙里面，至少在朝廷赐匾的当年，庙已经是存在的。也就是说，至少在1896年前，家神庙就已经存在了。这样推算下来，家神庙已有约120年的历史了。

根据以上的推断，家神庙修建时间比较早，应该是简易的茅草房，上面可能是牌位。而家神塑像的产生，则很可能跟举人的中举有直接的关系。朝廷的赐匾额是对祖宗的褒奖，朝廷的推动使村子里全力维修扩建成为可能，一改原来可能只有先人牌位这样的简单格局而成为木像。

相传有人见过木像的“身份证”，按照塑像的传统，在衣服里面有塑像的时间，也是距今110年左右。2014年，笔者再去核实查找时，相关人士告知，木像由于年代久远，里面已经腐朽，于是重新修复了木像，但是没有看到可以证明身份的东西。

第四节　家神庙的布局

从大门走进去，家神庙是两进深院院落，一个民国期间修建的圆门将一个院落分成南、北两边，圆门的里面是家神庙的正房，是三间坐北朝南的鞍架房，正中间坐的是家神爷的木像，木像的左边是其第五子的像，相传他当年去赶考时，被强盗抢劫后推入礼县的燕子河里，木像的右边没有其他塑像。家神庙正面是较大的回廊，墙的背面砌着土基子的墙，在墙角依然能够看到用鹅卵石和普通瓦修的墙角。房子两边回廊上是石刻图案，屋檐和门上有神话人物和花草的图案，这些屋檐和门窗上的图案是西和的名人，为李东阳所画。

房子正面门上挂着“德裕后昆”四个字，布局端庄，笔力苍劲，这是当时朝廷赐的匾额，匾额的右边是“致诚报德”。清廷赐予的匾额与其右边双龙祠正堂的匾额分别如图3.2、图3.3所示。

两个抱柱子的前方是一个两米见方的平台，这里是村民敬神磕头行礼的地方，平台的左边是一片小竹子林，平台的右边是一棵柏树，一树五枝，象征家神

图3.2　清廷赐予的匾额

图3.3　双龙祠正堂匾额

爷有五个儿子。

圆门背面的正中间门拱上是建修圆门的碑文，整体的建构都以青砖为主，古色古香，圆门两边原来有两个仙女的画像，一个为李耀唐所画，另一个为李二弟所画，但如今不知道什么原因已不复存在。圆门的外面是窖炉，是烧香烧纸的地方；东面是地师爷（土地）的塑像，连接塑像房子的是厨房；在大门的右边是供看庙的人休息的一间房子。正门圆门照片如图3.4所示。

2009年，家神庙扩建，原来的大门成了中间的一个门，外面加了一个大门，整个庙向前延伸了15米左右，变成了三进院落，2012年家神的塑像换成泥像，原来的木像作为行像做在塑像左边。原来第五子（俗称五马爷）的塑像在新院落里面的东面，同时中间加了新的大香炉在新院子里面。双龙祠大门如图3.5所示。

第五节 先祖李诚明木像

有庙就有像，我们所理解的庙和神像是同时存在的，到今天也应该已存在120年左右。虽然1894年李煓中举给家族带来了荣耀，但我们绝对不能忘记，当年中日甲午战争中，清朝政府战败后，中国人民很长一段时间内都在衰败中挣扎。中华民族经历着几千年来最大的变化，这种变化深深地影响了后世。

20世纪六七十年代，家神庙遭到一定破坏，使得家神木像也只能辗转在各个家族中，才得以保存下

图3.4 正门圆门照片

图3.5 双龙祠大门照片

来。60年代后期，木像藏在李泽凡家，由于他家是贫农代表，藏在他们家比较安全。1972—1973年，木像藏在上城里李数泽家的后园子里。1973—1976年，藏在下城里的李交占、李不占兄弟家。1976年后，在李远子家藏着。80年代后期，家神木像回到现在的家神庙，在当时的条件下，确实需要冒很大风险来做这些虔诚的事情。幸运的是，经过这么多年的珍藏，家神木像终于被保存下来，给后人一个纪念的载体。在保存的过程中，有些事迹得不到证实。比如，家神爷的

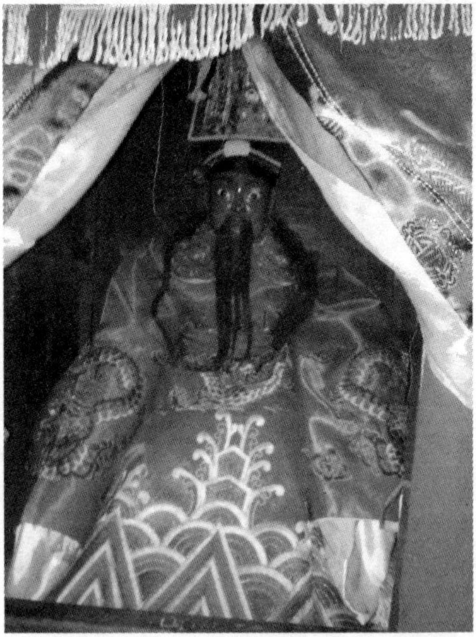

图3.6　李诚明木像（2012年前）

像用泥土临时塑了一个，泥像被砸了，木像才得以被后来者保存，但这个说法没有得到多数人证实。而藏神像的许多人家的后人都健在，在那个年代偷偷祭拜过家神的人也是有的。被保存下来的先祖李诚明木像如图3.6所示。

第四章

茶马古道的马帮驿站上寨子

第一节　茶的起源传说

陆羽在《茶经》里说："茶之为饮，发乎神农氏。"神农氏就是传说中的炎帝，也就是茶的发现者，更是传说中发明药物来治疗疾病的人。

相传，神农氏为了辨别草物的药理作用，曾亲口品尝百草。有一次他在野外考察，休息时，用釜锅煮水，恰巧树上有几片叶子飘落进来，使锅里的水变成黄绿色。神农氏不以为意，喝了一点其中的汤水，却惊奇地发现，这黄绿色的水味道清香，竟是一味不可多得的药材。随着时间的推移，神农氏得出这种植物具有解渴生津、提神醒脑和利尿解毒的作用。

至于"茶"名字的来源，也和神农氏有关。传说中的神农氏，长着一副玻璃一样透明的肠子，凡是吃进肚子里的食物都能够了解得清清楚楚，因此能够知道这种食物对于身体的利弊，这也是他日中72毒而不死的原因。他喝了黄绿色的水之后，这种水在肚子里流淌，所到之处，肠胃被擦洗得干干净净，于是他把这种植物叫作"擦"，后来就转换为"茶"的读音。

东汉末年名医华佗在《食论》中提到："苦茶久

食，益意思。”就是说，茶的味道苦涩，饮后能使人深思熟虑，开拓思维。这是历史上关于茶具有药用价值的最早记录。

华佗常年奔波于江淮一带采药，为民治病，积累了丰富的医疗经验。据说他累的时候，只要喝到一杯清茶，疲惫便顿时消失，于是悟出“苦茶久食，益意思”的道理，说明茶具有兴奋大脑、提神解乏的功效。

第二节　茶马古道的产生过程

茶马古道的最初起源是食肉民族的需要。终年生活在青藏高原和内蒙古高原等地的游牧民族因祖祖辈辈以肉奶为食，特别需要富含维生素和其他微量元素的食物来调节身体的营养比例。但是西藏、内蒙古等地却因为自然条件的限制，茶树无法种植，不产茶叶。在茶叶进入藏区之前，只能用适应当地自然条件的一些植物叶子来补充维生素，如尔吉德加叶、呙色叶子、马板树叶或山海棠树叶等。在唐代，茶叶一经传入西藏，就立即引发藏区饮食上的一场“革命”。因为茶叶中含有茶多酚、茶碱、氨基酸、维生素等多种成分，具有清热、解毒、润燥、利尿、助消化、解油腻等奇效，因而藏区上至王公贵族，下至平民百姓，饮茶成风。这样，因为一方产茶，另一方需要茶，唐宋之际，连接两地的茶马古道就产生了。

茶马古道是指以茶为传播、贸易和消费主体，以马帮为主要运输手段而形成的文化、经济走廊。在20世纪90年代，“西北丝绸之路”引发了“西南丝绸之路”的热门话题。

1987年，云南大学文学与新闻学院中文系教授木霁弘和同学徐湧涛得知金沙江边有一条通往西藏的古道，人称“南方丝绸之路”。木霁弘通过调查研究、对比后发现，“丝绸”不能作为西南贸易主体，他在其后的研究中启用“茶”为西南贸易的主体，用“茶”去关照与此相关的文化和经济现象。因此，把这条通道定名为“茶马古道”，从此开拓了新的研究视野和格局。

第三节　茶马古道的各个历史阶段

茶马古道，是指唐宋以来至民国时期，汉、藏、西番之间以茶叶和马匹相互交换为主要内容的古代商贸通道。茶马古道是中国西部经济、文化、民族和宗教交流的走廊，是一条历史最丰厚、自然风光最壮观的旅游线路，是极其珍贵的历史文化遗产，因而受到人们的高度重视。

唐德宗贞元（785—805年）末年，唐朝政府正式同回纥开始了茶马互市：“时回纥入朝，始驱马市茶。”这是茶马互市见于史册的最早记载。

两宋时期，大规模的茶马交易主要发生在陕西、甘肃地区。据史料记载，两宋时，川茶年产量约3000万斤，占全国产茶量的57%—62%，其中大部分运往甘肃、青海地区用于茶马互市。宋、番茶马交易的茶叶主要来自四川和陕西汉中地区，而所易之马主要为陕西、甘肃番区的战马，承担运送茶叶和输送马匹主要任务的秦蜀道也就成为当时最重要的茶马商道。秦蜀道在宋朝抗击辽、西夏、金的斗争过程中发挥了极其重要的作用。《宋史·食货志》记载：“南渡前，市马分为二，其一曰战马，其二曰羁縻马。”榷茶主要是交易西北的战马，在军事上为满足战争需要，通过茶马互市，在政治上保持与西北番族的友好关系，维护边境安宁。其次才是买羁縻马。所谓羁縻，就是笼络西南边疆少数民族，使其不生异心，不反对宋王朝。羁縻马产生于西南，不及西北马的马体健壮高大或奔驰敏捷。羁縻马经挑选后，只有一小部分补充战场需要，买这种马的目的，主要是用经济手段安抚边疆民族，遏止战争，所以对愿意归顺称臣的就卖茶买马，否则就不卖茶不买马，即采取恩抚与威抚相结合的政策来达到各民族共处的目的。

明代是我国历史上茶马互市的黄金时期，也是秦蜀道茶马互市最兴盛、最繁荣的时期。明代建立伊始，在北方面临着元代蒙古残余势力的巨大军事压力，因此，朝廷非常重视茶马互市，一方面，可以交换到“资于国用甚大”的大批战马，这是因为面对擅长骑兵作战的蒙古军队，如果没有数量可观的优良战马，御边和进行战争是不可想象的；另一方面，朝廷也想“用茶易马，固番人心”来达到“且以强中国”的目的。“茶之为物，西戎、吐蕃，古人皆仰给之，以其腥肉之食，非茶不消，青稞之热，非茶不解，故不能不赖于此。”

明代茶马交易的茶叶主要来自四川，其次为陕西汉中。四川地区所产的茶叶在明代称为“川茶”“蜀茶”或“巴茶”。官府将所得茶叶储存起来，主要用于与西北、西南地区少数民族进行茶马互市。

陇南地区在两宋和明清时期是茶马交易的重要地

区。一是陇南境内居住着大量番族，在当时，今天陇南宕昌县、陇南市武都区西北、康县西北、礼县和西和西南地区均为番族集聚区；二是以秦蜀道为干线的茶马商道遍布陇南全境。上寨子的驿站，可以说是秦蜀道干线支线络脉的一个关节点。

明朝初年对茶马交易管理严格，处罚十分严厉。明朝中后期，茶马交易日益废弛，西北地区首当其冲。朝廷也曾经数次大力整顿，取得了一定成效，但茶马私贩问题一直没有根绝。在康县望关发现的茶马古道碑就是这段历史的实物证明。明朝政府为了垄断茶马贸易，首先严禁私商贩运茶叶。

清朝西北茶马互市，虽然已经没有明朝那么辉煌，但就整体上看，西北地区的茶马互市仍然比较活跃。清初，由于统一全国的战争正在进行，对军马的需求量很大，朝廷承袭明制，照样依赖于茶马贸易而获马。随着清王朝封建统治的巩固、疆域的扩大及民间贸易的繁盛，茶马贸易政策也在不断地改变和调整。到顺治末年，茶马贸易出现衰落的征兆。康熙四十四年（1705年），清政府决定将“西宁等处所征茶篦停止易马，将茶变价银量充饷”。这样，茶马贸易彻底停摆了。于是，自唐代以来实行了1000多年的官茶垄断贸易，到乾隆初年便宣告终结。

但是民间茶叶贸易仍然正常进行。秦蜀道虽然没有了茶马贸易的内容，但茶叶和其他物品的交易依然存在，南方的茶叶和丝绸、布匹、白酒、日用品等经此源源北上，而北方的食盐、水烟、皮毛、药材等由此南下，历经数百年，秦蜀道及散关道的作用依旧。

茶马古道是人类历史上极为重要的线性文化遗产，秦蜀古道及散关道不仅在茶马交易活动中发挥了重要作用，而且还是数千年来联系西北地区和西南地区的经济纽带、文化纽带和民族、宗教纽带，具有申报世界文化遗产的价值[①]。

第四节　西北马帮驿站之一——双龙寨（西峪乡上寨村）

秦陇茶马古道，简称“秦蜀道”，是西南茶叶输送到西北最早的商道。秦蜀道是茶马古道的重要干线。在这条路上的商贸往来，主要的运输方式是牲口

① 罗卫东. 茶马古道“秦蜀道”和康县茶马古道碑［M］// 北茶马古道研究会. 中国北茶马古道研究. 北京：世界知识出版社，2011.

驮送和人力运输。前者主要的组织形式是马帮，而后者就是脚户。这是西北茶马古道陇南地区在现有口述资料中可知的运输方式之一[①]。

在陇南茶马运输的过程中，马帮需要有休息的驿站。其中，在甘肃省西和县的马帮固定站点是西峪乡的上寨子，也称双龙寨。上寨的客店是这一时期西北民间贸易中脚户歇脚的重要站口（下寨村只有4家客店、2家脚骡点）

据老一辈人李殿珍、李耀林、李耀唐讲，马帮从西南上来，在陇南境内的次序是现在所知的小川子（成县）—纸坊镇（成县）—石峡（成县）—上寨子（西和县）—永坪（礼县）—武山洛门方向—兰州方向。

马帮的东家为了有效地管理马帮，行程基本上是固定的，每天行走约60华里（30公里），背脚子是30里（15公里）路左右。马帮需要一定的资本，这包括采购货物的货款、牲口草料以及雇佣人的资本，是有实力的运输商。而背脚子也是有组织的，但大多为资本不够雄厚的运输商所雇佣。从清末民初上寨子的店

① 魏泽民．茶马古道陇南段上的“脚户”和“背脚子”［M］//北茶马古道研究会．中国北茶马古道研究．北京：世界知识出版社，2011.

铺，仍可以看出当年马帮活动的痕迹。如下图所示，为1910—1950年前后上寨茶马驿道店铺的平面图（根据现有的调查和实际测量，并由笔者绘制）。

根据以上的店铺的性质进行分析统计，大致可以分为以下四类：

第一类，脚骡店，既可住人也可喂牲口的店，共8户。

第二类，单人店，只住人的店，共10户。

第三类，杂货铺，经销各类生活用品的店，共10户。

第四类，豆腐坊、醋坊、油馍坊（纯粹经营单一产品），共4家。

另有染坊2户，药店1户，铁匠铺1户，鸦片销售（秘密）1户。

根据以上平面图记录的店铺，粗略统计上寨茶马驿站有45家店铺。同时，在上大路的集市向县城方向是粮食集和短工集，而下大路的下城背后道路口以下是蔬菜集、柴禾集。

其中有很大一部分类似于今天的流动商贩，主要有烧鸡、油馍、旱烟、草鞋，加上一些理发、刮脸、卖豌豆以及挑着担子穿梭其间的人。而烧鸡这类相对高档的消费品，只有马帮和脚户老板才买得起。

早期地方政府如何管理马帮这些流动性很大的团

队，现在已经难以考证，晚清和民国政府对这些地方的管理主要是收税，重点是脚骡店，根据每天住店进来的牲口单独计税。一般雇人做计税员，每天晚上要对住店的牲口进行清点，然后根据牲口的数量计税，从税收收入中抽取一点很低廉的费用作为劳务报酬给计税员。

在上寨子（分上城、下城）的商业活动中，其中有两家比较有影响力的商号，即上城的德义隆商号和下城的协通源商号。

德义隆商号，何时创立已不详，只知道是民国时期由李启清和李启瑞两兄弟主要经营的，后来李启瑞投军至吉鸿昌将军麾下，家里主要由李启清经营。德义隆商号经营的主要是长途运输，有自己的马帮驮队、水烟和杂货，并且在县城有商铺。

协通源商号是在晚清创立的，起初协通源商号的先祖是在陇南大地上走街串巷的货郎，后来在宕昌县贩卖药材发家致富，并最终成立协通源商号。前期经营以药材为主，后来在西和上寨老家以脚骡店和商铺为主，兼营水烟生产和染坊等，并在此基础上衍生出“协通生（盛）”商号，以店铺经营为主。上寨子的脚骡店和商铺，协通源家族就有6户。

整个上寨子的店铺和商铺，小二房家族（协通源家族、举人家族和豆腐坊家族）共有14户，占上寨总店铺的三分之一左右。同时也验证了小二房家族是后来者，因为他们没有多少土地，只能通过进行非农业生产活动来生存，如经商（协通源家族）、读书（举人家族）、手工副业（豆腐坊）。

中华人民共和国成立前，德义隆商号家族和协通源商号家族拥有上寨子大多数土地，这也是长期经营的结果。

第五节　古道插曲——跑南坪的故事

南坪是指四川的南坪县，即现在的九寨沟县。在清末到民国时期，南坪是西和、礼县鸦片贩运的最主要来源地。南坪县植被茂密，在一些地方的深山老林，有人家种植罂粟，也叫米兰子花，果实成熟后用刀割出乳白色的汁液，自然阴干加工后就是鸦片，一般为黑褐色的软固体。在利润和现实生活的驱使下，“跑南坪”成了那个时代贩卖毒品的代名词。

鸦片中含二十多种生物碱，医学上常用的只有吗啡、可待因、罂粟碱和那可汀四种，其他生物碱含量低微，对鸦片的作用无影响。正是因为生物碱的原因，鸦片有镇痛、催眠、抑制呼吸与镇咳作用，负面作用有成瘾性，不宜长期持续吸食。吸食以后就成了典型的“瘾君子”，这种瘾一般是戒不掉的，正是对鸦片的这种依赖性需求，带来了鸦片的市场；也正是这种极端的依赖性需求，使得贩卖鸦片的利润丰厚，很多人甘冒风险去“跑南坪”谋生。

“跑南坪”走的路线（秘密进行）大致是从西和出发，走礼县，过武都过白河（河水浑浊的白龙江），转文县过黑河（即清澈见底的白水江）后出甘肃地界，进入四川的南坪县。在南坪县夹带鸦片，例如把平拐（背重物走长途的辅助工具，呈“T”字形，人走累了可以让货临时放在上面靠住，使人得以休息）掏空，在里面塞上鸦片，为躲避官方检查和土匪打劫，翻山越岭走小路回西和县。因为西和县是西北茶马古道的必经之县，而全县的马帮落脚住店是在上寨子，流动人口非常多，所以鸦片销售的地方以上寨子为主。民国时期曾经有一段时间（1940年左右）放开烟禁，种植鸦片，当时漫山遍野都是罂粟，因此以上寨子为中心的方圆也称为“小南坪”。附近的刘家铺子、刘家河坝、下寨子都有人“跑南坪”，也都有鸦片销售，只是没有上寨子多。

鸦片的销售大多是在秘密状态下进行的，销售方式主要是零售，从南坪贩卖回来的鸦片通常是用桦树皮包裹的，像小方糖大小的小块显得高档一点。零售的时候，根据吸食者的吸食量，分成黄豆大和小麦粒大两种颗粒，用番麦（玉米）皮包裹。这样一方面是为了零售的方便，另一方面是可以掺假。目前所知的掺假方式有两种：一种是把自己地方产出的罂粟的杆、叶子、壳放在锅里煎熬，煮成汁后熬干，将锅底的黑褐色杂质掺入成品的鸦片中去；另一种是把面粉炒黑，掺入鸦片中去。两种方式都是为了增加量，从中牟利。

吸食鸦片一般在炭火盆里边，用针尖把鸦片粒穿起来，把铁质的工具烧红后，在鸦片上一次烧一下，鸦片遇到高温燃烧后产生的烟，用普通毛笔粗细和长短的竹筒吸食。也有把纸卷成纸筒来吸的，一次吸一口，吸一口后喝一杯灌灌茶，直到吸食完成。吸食的场所一般是吸食者家里，也有聚众吸食的。

吸食的人主要通过购买鸦片吸食，对于家底殷实、经济收入高的人，吸食鸦片对家庭的影响不是特别大；但是长期吸食上瘾的人，则会劳动能力丧失，乃至变卖家产，甚至卖儿卖女，落得家破人亡。

当时的一首歌谣，对吸食鸦片的危害做了通俗的揭露：

世上的洋烟稀罕罕，一块钱买下一点点，
一尺长的枪杆杆，油灯上烟泡儿钻眼眼，
吸烟不是好嗜好，只要上瘾戒不掉！
洋烟把人吸瘦了，皮包骨头没肉了，
洋烟把人吸软了，双手端不起饭碗了，
洋杆子眼眼咂血的嘴，洋烟把人变成了鬼！
房子卖了地当了，万贯家财吸上了，
卖儿卖女根断了，把家吸得烂散了，
烟杆杆子眼眼无底洞，吸烟落了个要馍棍！

无论在清末还是民国时期，贩卖鸦片的人都是凶多吉少。首先是官府的打压，他们一旦被抓就被判重罪，一律受到严厉镇压。其次是被土匪棒客抢夺，也有性命之忧。所以贩卖鸦片要冒很大风险，而且是生命风险和财产风险叠加在一起，稍不小心就会人财两空。这其中很多人走上了不归路，有的失踪了，有的被土匪劫杀了，有的病死在路上了，有的被官府逮住后死在监狱了。但也有侥幸贩运成功的，他们不仅存活下来，还大手大脚花销，到最后又变穷了，只有极个别人完成了资本的原始积累。

第六节　西和罐罐茶的由来

一、云南原始罐罐茶的来历

追溯云南茶树起源和茶叶生产历史，可以知道，野生茶树的分布都是在高山丛林之中。这些地区雾日多，光照少，湿度大，交通不便，大多是少数民族地区。

起初，人们将山上采回来的鲜茶叶，用做饭或专制用的大锅进行杀青（俗称“炒茶”），再拿到室外，边揉边晒，晒干后收藏保管。由于产茶区多雾高湿，加上都是用木制或竹制的储存器物放在房屋里。时间久了后，往往容易回潮，并带有烟味、霉味，不能直接冲泡饮用。为了不浪费，人们在饮用时就只有重新烘烤，以去除异味并提香。最初是用土烧制的形如口缸的瓦罐烘烤，后来也有用铁皮口缸和铁锅片烘烤的。这就是云南山区常见的“罐罐茶”。

茶区条件艰苦，每户人家都有一个火塘，火一年四季不灭，一家人围着火塘，吸烟、烤罐罐茶喝。在今天南华县的人家仍然有围着火塘喝罐罐茶的习俗。

在南华县城南10公里的徐营坝区，有一个依山靠河的小村，叫“河硐”。因从前这里烧制的土陶器皿远近闻名，老人便习惯把这个村子叫瓦罐窑村。据《云南省南华县地名志》记载，河硐“因村前有小河，古时居民建窖硐烧陶器，故名”。河硐村烧制陶器始于明代洪武年间。据说当地的制陶技艺是明代大量汉族移民进入云南时带来的。河硐烧制的茶罐，在旧时的滇中农村几乎家家都有。用这种茶罐煨茶，当地称罐罐茶。

在南华民间流传着这样一个谜语：“家里有只小乌龟，客人来了就钻灰。红煎飘香雷鸣催，敬饮客人连称美。”这里说的就是这一古老茶俗。

煨制罐罐茶有两个诀窍，首先讲究一个“烤”字，先要把茶叶放在茶罐里烤香。烤茶很讲究火候，用文火，边烤边不停抖动，抖动频率越快越好。烤一罐好茶常要抖动百次以上，所以又称“百抖茶”，要烤到“透出焦糖香”为止，这是茶中多糖类物质充分分解成单糖的时刻，再往下烤，单糖就会损失得多。其次，罐罐茶要用山泉水冲泡。烤茶前，要先烧开一壶山泉水放在火塘上备用，待罐中的茶叶微黄并弥漫出浓郁茶香时，迅即冲入沸水。用开水而不用冷水，是因为如果倒入的冷水跟茶叶一起烧开的话，茶水蒸发时就会带走一部分茶香和茶味，所以只用开水冲泡。

第一次沏入的水不能太多，半罐即可，否则会溢出。待茶叶在罐中上下翻滚泡开后，再续水吹去浮沫，就可以享用了。第一道茶，味酽苦涩，不习惯喝的人难于下咽。但喝了一辈子罐罐茶的彝族老人，每天起床后第一件事就是烤一罐酽茶喝下去，可使一天都神清气爽。第二三道茶，清香苦凉，口感最好；待四五道之后，就要像煨药一样煨，苦而回甘。

罐罐茶还有另一个俗称，叫“雷鸣茶”。因为在茶罐中冲入沸水时会发出轰隆隆的响声，蒸汽直向上喷，仿佛是下雨时打了个响雷，故称“雷鸣茶”。如果烤茶的火候和时间把握不好，冲入开水时声音不够响亮或没有响声，这罐茶就称为“哑巴茶”，待客时一般忌讳这种情况，因为会显得不热情、不欢迎。

在条件不好的地方，罐罐茶还能治病。人们在感冒发烧、咽喉肿痛时，可将一块黑井盐放在炭火上烧红后再沏入茶里，这叫“盐茶”，喝起来味道特别苦、特别咸。但只要在喝茶时让茶汁在口中停留一阵，再慢慢咽下，喝上几次病情就能好转。遇上家中有人腹泻时，就将一把糯米炒煳后再加入茶中，这叫煳米茶，可治疗腹泻、积食和消化不良；如再加入适量白酒和红糖，则可辅助治疗红痢、白痢等急慢性肠道传染病。

罐罐茶因为有解渴和治病的功效，被马帮带着，连同这种民俗走向了远方。

二、西北茶马古道上西和特色罐罐茶的流传

罐罐茶在云南形成习惯后，茶马古道奔波的马帮脚户和背脚子就把这种生活习惯带出了云南茶区，并向四周辐射。但是在罐罐茶流传的过程中，未必都能满足人们的需求而继续保留下去。而西北茶马古道的自然条件，满足了罐罐茶的改进需要。这就像一个池塘，从中间扔石头下去时，波纹会向四周衍射，但是当它碰到大树、石头、土堆时，就会被阻挡住，没有办法继续衍射。当另一个池塘通过水域与这个池塘连通时，衍射会继续下去，尽管波纹比较小。西北茶马古道的自然条件，就像这另一个池塘，波纹在这个池塘上继续，当原来的池塘逐渐风平浪静的时候，新的池塘仍会余波荡漾。

西和人一天的生活，必然从喝茶开始，而且有那么浓烈的气息，不论贫富与否，不论匆忙与清闲，成年人的生活里必不可少这种特殊的饮茶方式——喝罐罐茶，这是西北流传了几百年的民俗，也是西北人生活的一部分。云南的罐罐茶是怎么变成今天的西和罐

罐茶的呢？这就必须从马帮经过西北地区时的条件说起。

甘肃陇南地区是西北茶马古道的必经之地，也是番羌民族的聚居之地，喝茶本身是必须的，但是喝罐罐茶确是新玩意，今天的罐罐茶是云南罐罐茶的改进版或者说适应版。

常年奔波在西北茶马古道上的人群，带着大罐子熬茶，一是不方便，二是浪费，最重要的是西北水不多。最直接的诱因是，走的山间小道基本上只能靠徒步来完成。人背也好，马驮也罢，都会面临生病的危险。而由于赶路的原因，冲泡茶叶显得不现实，所以把罐子改小后，熬茶既能歇脚解渴，又能治疗伤风感冒、肠胃消化不良等等常见小病。

在这样的条件下，今天西北人普遍喜欢喝的罐罐茶就应运而出。小罐子熬茶用水少且成本低，水量少且加热快，所需时间短。在医疗条件不好的时代，当遭遇风吹雨淋时，且以中药为主要治疗手段的情况下，外出的人趁休息之时熬一罐茶，用来歇脚、驱寒、解暑、治些小病就成为一种必需。当这种必需经过百年的传播，就成为西北人特别是甘肃陇南人一种新的饮食风俗。正因为有产生时的广泛适应性，所以才有普遍的使用群体，在今天的西北人中产生了影响。

从此，由原来的开水冲泡变成了冷水熬茶，在水烧开的过程中，人们闻着茶香，吃着馍馍，做着劳作前的准备工作。这已经是西北人家的新民俗了。

西和人一般喝清茶，熬成的茶特别苦。清茶其实是喝茶汁，因为生活水平所限，用的茶叶大多是大叶子的劣质茶叶（好点的价格很贵）。敖出的茶味苦，一般人接受不了，这也很可能是罐罐茶一开始就有“药”的实用性主导的结果。今天，西北罐罐茶已经成为陇南农村人特别是西和人的主要生活习俗，标准性的口味是“苦”字当先。

作为茶马文化的衍生文化，罐罐茶沿着这条商贸文化线路经历了萌芽、生长和发展的全过程。罐罐茶成了部分西北人的生活习俗，留下了茶马古道的身影。

马帮作为罐罐茶的带入者，他们在歇脚的脚骡店住下后，特别是老板，要先解乏，要烤火烧水煮茶。看到这些习俗的店老板为了吸引更多马帮人在自己的店里落脚，会准备好茶罐，如同今天的饭店、酒店要提供Wi-Fi一样，估计时间没有过多久，马帮出门都不用带罐子了。因为这是一种更高档的享受，慢慢地就形成时尚民俗，在西北大地上落地生根。

三、西北罐罐茶形成原因思考

云南罐罐茶是云南的特色，其他有罐罐茶的茶俗如何呢？

在湖北恩施也有土家罐罐茶，又称土家烤茶，是湖北恩施和湖南湘西地区土家族、苗族等少数民族饮茶的一种方法。烤茶有清心明目、利尿解毒的作用。烤茶法与云南彝族的罐罐茶类同，也是大罐烤茶。

在陕西汉中的略阳也有罐罐茶，但其特色是用小罐盛水，放入茶叶，置火上煮熬，边煮边放入面糊，再加上清油，调以茴香、藿香、生姜、食盐、核桃、肉丁、鸡蛋花等调味品及佐料。清早或有客人来时，人们就煮茶以当早点食用，提神暖胃，爽口宜人。此种茶食本为氐羌人的生活习俗，后来流传至今，长盛不衰。

但是为何唯独西北人形成了小罐子熬清茶的习俗呢？笔者试图通过茶马古道形成过程中的一些因素来分析。

西北茶马古道的形成，与北方由于鄂尔泰形成的北方茶马古道相比较，与同左宗棠主导下形成的茶马古道相比较，在原动力（目的）、运输方式和规模、沿途的地理环境和生活保障三个方面存在不同之处：

首先，从原动力上讲，鄂尔泰是执行雍正皇帝的命令，“改土归流”的结果，这样在执行了“流官”（流转的官员，根本上讲，是朝廷可以任命、更换的管理者）的管理体系下，只有比“土司”（世袭的地方管理者，朝廷不能任命的管理者）管理体系下的生活更好，才能有效地维持统治，虽然武力镇压也可以一时压制或者缓解地方的反抗情绪，但改善当地人民的生活才是让地方人民维护体制的根本保障。在云贵这样的偏僻地方，改善经济生活的最直接方式是用经济手段让他们臣服。通俗地讲，就是让他们过的日子比过去好，他们才愿意让清政府的统治维持下去。直接给银子当然最有效，却是最不现实的。实现清廷版图的有效控制是为了更好地统治全国而不是增加负担。

在这样的情况下，比较有效的维持经济方法就是把当地的物产通过商品交换的方式来增加效益。所以鄂尔泰就组织马帮给朝廷贡茶，这样既拉动了云贵地区的经济，又增加了同中原的联系。这样的情况下，北京清廷不仅是中央政府，还是云贵地区主要产品——贡茶的“市场”。这样就达到了强化中央控制的目的。经济贸易是相互交换的关系，北京是清廷所在地，云南的贡茶卖到北京纯粹是拉动消费性经济。北京清廷需要的是对云贵地区的控制，而当北京变成“客户”和“巨大市场”后，云贵地区的经济同中央的动向就完全联系起来，边疆的安抚目的也达到了。这也是有政府组织的行为。

而晚清的左宗棠在西北推广湖南茶（安化黑茶为主）时，也有对当时政治的考量。西北经过多年的战乱，百废待兴，左宗棠作为陕甘总督，发展经济是第一要务。所以通过给朝廷上奏折、放开茶禁并给运输茶叶一定补贴等政策，通过“茶引”的经济牵动作用，快速地在湖南（船运）—湖北—陕西—甘肃—新疆—俄罗斯这样的线路上发展起茶叶贸易。这样的贸易有大规模的组织性，甚至要再加工成“砖茶”来销售，这样就有了政府组织引导的行为。

唯独西北茶马古道不一样。在雍正年间的“茶马贸易”官方停止后，在这条道路上就没有大规模“茶”和“马”支架的贸易。但是作为生活用品的“茶”和其他西北特产，如皮毛、药材、棉制品、盐、糖等之间的贸易，则是典型的民间贸易。

其次，从运输方式和规模上讲，鄂尔泰在云贵地区组织的马帮是大规模行为，动辄上千人的队伍一起行动，在运输过程中有政府的一定保护。晚清的左宗棠在西北引导的运输，也是有较大的规模，甚至要通过再加工成“砖茶”。

以上两家都有官方的背景，因此在运输的过程中也有一定的生活保障。而西北茶马古道上的运输，在清末到民国时期往往是马帮老板和脚户老板的小规模行为，属于“散户”式的经营。在晚清和民国时期，往往被军阀或者土匪打劫，基本上得不到保护。

再次，从运输过程的生活保障上来讲，比较地理条件和商品源头，鄂尔泰的云贵马帮路线是从云南到北京，基本上不缺衣少食，因为是贡茶。左宗棠组织马帮的路线是湖南—湖北—（船运）—陕西（马帮）—甘肃—新疆—俄罗斯，基本上不缺衣少食，进入甘肃之前尤其不缺水。相比之下，西北茶马古道的路线比较散，从云贵高原入四川盆地或者入青藏高原或者入甘肃走黄土高原。可能不缺吃，但是缺水，进入甘肃后尤其缺水。

今天，通过考察湖南安化现有的黑茶运输路线就可以看出，湖南境内首先是不缺水的，特别是有商铺的地方基本上有免费饮用的茶，这是招待客人用的；即使在山里人家或者山路上人家，门口都有自己泡的茶喝。因为自己都有茶叶，如果进山干活，也是用竹筒灌满喝茶。他们传统的喝茶方法是把水烧开后，撒茶叶进去泡茶喝，而没有用罐子煮茶的习俗。

而云南的罐罐茶（大罐子茶），由于去往北京的路上人多，可以在大规模的人群中用罐子煮茶喝，这样有节约资源的现实需求，也有大量供应的需要，是比较实在的做法。加之，如此大规模运输的茶是给朝廷的贡茶，在形成定制后，在运输路途上则可对运输人员有一定的关照，生病、休息都相对有保障。

反观西北茶马古道的人群，由于规模小，带着大罐子熬茶，一是不方便，二是浪费，最重要的是西北地区水不多。

综上所述，云南的罐罐茶通过茶马古道，在西北经过改变后变成新民俗，主要有两方面的因素：一是茶马古道贸易民间性，没有较好的生活保障，必须自己解决生病和习俗问题；二是茶马古道贸易的时效性要求，马帮赶时间，用大罐子煮茶已经不太现实，将罐子变小，既能满足生活需求又可节省时间。

第五章 近代上寨教育办学历程

第一节　清末的私塾

明代以前的教育情况，从现有的史料无从可考，现在知道的一个情况是传说先祖李诚明的五儿李贞去参加过乡试，但在考试返回的途中，在礼县的燕子河遭遇别人抢劫并被不幸杀死。具体的师承不祥，无处考证。

目前唯一能看到有记载的是清末的私塾教育，私塾先生是牟滋萍。

光绪二十年（1894年），上寨的秀才李煓，与五弟李镕镜、八弟李莲芳去参加甘肃省的乡试，李煓以全省第二名的成绩中举后，按惯例对他的授业老师进行了表彰。按照口头流传的说法和举人硃卷里的记载，授业的第一个私塾先生是同在上寨村的牟滋萍夫子，是西和县的一个监生。所谓监生是指国子监的学生。清朝文官的重要来源有贡生、监生和荫生。清沿明制，奉国子监为国学，太学是国家的最高学府，也是培养官员的重要场所。

牟滋萍夫子，生卒年不详，据举人硃卷的记录和牟姓族人的口头流传，他在村里是举人李煓的启蒙老师，在李煓的授业先后顺序上排在第一位。晚清同治至光绪年间，村上的私塾老师有口头传说和记录的仅有牟滋萍夫子一人。李焟甲午科乡试硃卷卷首对私塾、启蒙老师的记载如图5.1所示。

从牟夫子家大门上屋脊的花纹，仍然可以看到当年的家道殷实。牟夫子以后的私塾先生是李莲芳。李莲芳，字乾三，上寨人，生于清同治七年（1868年）八月二十四日，卒于民国三十五年（1946年）五月十六日。应考之年，同李焟一起参加过乡试。据老辈人李臭包讲，当时给他指点过的老师建议他走教书的道路，不要再参加考试，具体原因不详。李莲芳后来通过办私塾来过生活。图5.2为牟滋萍先生家大门屋脊上的花纹。

清末到民国初年，私塾在下城里李俊文家后院的西面房子里（见图1.3　下城平面示意图）。现在所知比较早的学生群有协通源家族兄弟的“廷”字辈，名字为李莲芳起的（图5.3为李莲芳像），优秀的有李廷彦、李廷瑜（民国年间曾担任西和教育局局长）等；举人家族的“永”字辈及其他求学学生，其嫡孙孙子李尚志、李茂林、李艳林、李九如、李九思、李耀林等，都是他教出的学生。

据笔者的祖父李尚志、六祖父李耀林以及上过私塾的学生李养志、李国玺等讲述，私塾教学的主要

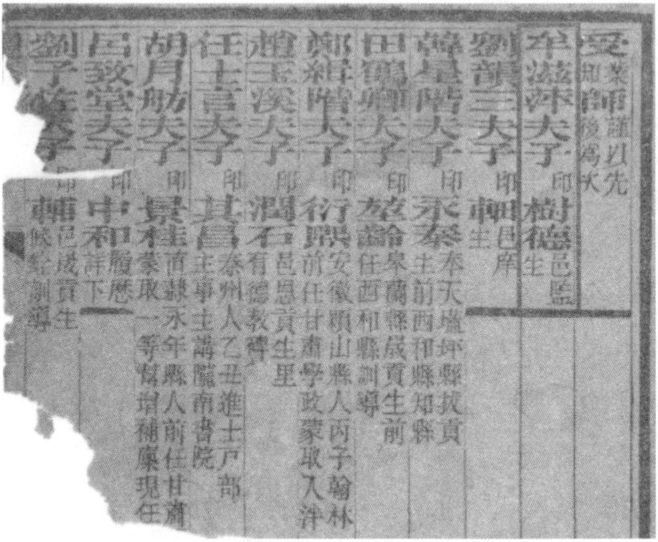

受業師 謹以先後爲次

牟滋萍夫子 印樹德 邑監生

劉韻三夫子 印輔 邑庠生

韓景階夫子 印永泰 奉天蓋平縣拔貢 主前西和縣知縣

田鶴卿夫子 印慈齡 皋蘭縣歲貢生前 任西和縣訓導

鄭緝熙夫子 印衍璟 安徽順山縣人丙子翰林 前任甘肅學政蒙取入泮

趙玉溪夫子 印潤石 邑恩貢生里 有德教禪

任士杰夫子 印其昌 泰州人乙丑進士戶部 主事主講隴南書院

胡月舫夫子 印景桂 直隸永年縣人前任甘肅 蒙取一等補廩現任

呂致堂夫子 印中和 履歷詳下

劉子笙夫子 印輔 邑歲貢生 候銓訓導

图5.1　李端甲午科乡试硃卷卷首对私塾、对启蒙老师的记载

图5.2　牟滋萍先生家大门屋脊上的花纹

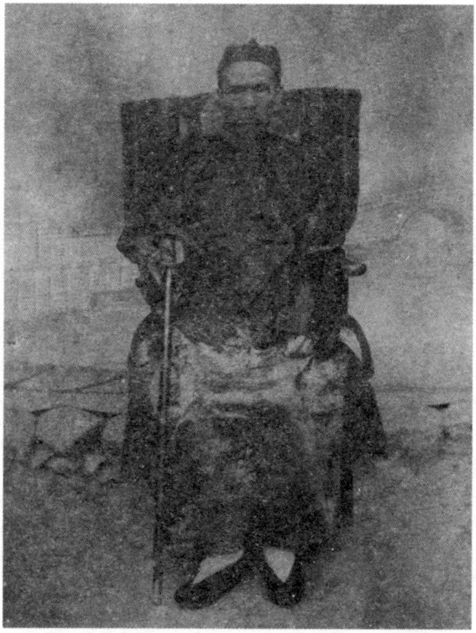

图5.3　李莲芳像（拍摄于1943年农历八月）

内容是启蒙性质和科举基础（科举意义已不大），如《百家姓》《千字文》《幼学琼林》等启蒙类和四书五经。教书的方式比较单一，讲训内容后要求学生熟读记忆并背诵。对自己家的子孙尤其严格，背不出是不准吃饭的。老师出去，一般会把门锁起来，要求子孙熟读并能背诵课文。李莲芳的孙子李尚志、李耀林对此都有深刻的记忆。

现在能够知道的是，讲训加上戒尺，是私塾教育的一种方式。在中国传统社会，晚清和民国时的科举制度已经没有意义，被废除了，但教育仍然要继续，只是方向的问题。

由于年代久远，目前没有发现李莲芳先生有文章流传，知道的仅有两首诗作（在笔者九叔李云良处记载）如下：

夜闻笛声有感而作

其一

独卧空宅梦不成，谁家玉笛暗飞声。
抑扬入耳音方好，断续清风调起平。
此韵弘腔原了亮，阳春白雪字分明。
吹来果是萧郎侣，引凤来仪舞且鸣。
玉笛绳绳到耳中，忽明忽暗尽随风。
高低合度和成寡，清浊贤愚曲自躬。
高山流水识者少，偕鸾引凤谁与同。
（最后两句纸张边缘书写，残缺）

其二

凉夜沉沉月三更，清风送来玉笛声。
亦讽亦雅真无僻，如泣如诉更有情。
可惜自古知音少，独邻高调本天成。
我非钟期君非伯，徒然闻之醒亦警。

第二节　国民政府新学校

在上寨下城里上大路边上有协通源商号家的书房院（民国教育局局长李廷瑜家的地方），民国二十五年（1936年）开始，借此民宅成立了“双龙保国民小学”，校长是张浩，西峪张庄人，毕业于古楼南小学（今天南关小学的前身），代语文课；教员是李尚志（1917—1999），字士卿，上寨人，毕业于古楼南小学，代数学课。

民国《西和县志》的记载是“宝泉乡双龙保国民小学”（位置见图4.1　上寨茶马驿站店铺平面图），书房院西面的房子是面朝大路的铺子，院子的东面是两层楼，因为张浩是张庄人，来回不方便，所以住在楼上，加办公室；楼下有一个教室，西面的房子有一个教室。学生有五六十人，分为四个年级。

有了新学校后，私塾基本上就退出历史的舞台。为了减少新式学堂对私塾先生生活的影响，新学校仍然请私塾先生李莲芳给这个短期小学上语文课，校长张浩申请每月发一定的米金，粮食是一斛（两石），支付的费用是多少现在就不得而知了。

李莲芳是方圆有名气的私塾先生。据当时的学生李殿珍讲述，张浩对老夫子李莲芳尊敬有加，老夫子讲课时，他亲自泡茶，讲完课后，扶他坐在梨树下的靠椅上休息，态度谦恭有加。

学生虽然在新式学堂上课了，但仍然称呼老夫子为“大师傅”。教学内容中，语文课基本上还是“四书”，新增加的是算术和自然，算是比较新的内容了。民国时期办学，仍然延续传统的礼节，给老师行礼还没有改成鞠躬，报名上学都是磕头拜师的。李殿珍、李金川、李耀林都是双龙保国民学校初期的学生。

新学校的校长张浩虽然是西和县国民政府任命的校长，但是对于抓壮丁这样的事情是消极的。他的学生李养志年龄上可算是壮丁了，并且已经被抓壮丁的人统计了姓名，但他想办法让检验科作假，查出其有病症，以便令李养志没有被挑选上，让他不去当兵。张浩打通各个关节后，李养志确实被检验科以身体原因刷下来了。但是，李养志回家没有几天，就被人揭发举报，无奈之下只好去当兵。虽然这次抵制抓壮丁失败了，但也看出了张浩对学生的关爱，同时他作为国民党政府的工作人员，是对政权的不满，也是出于人性的关怀。

当时的学校是临时借民宅办学，加之在街道边上办学成本高，随着读书学生的增加，现有的学校规模已经不能满足教学的需要。为了获得更好的学校资源，改善教学条件，张浩和李尚志就酝酿新学校和规范学校的事情，毕竟短期内双龙保国民小学的教室只能暂时使用，不是长久之计，经过几年的筹划，已经基本上达到办新学校的各种条件。

据张浩之子张崇礼校长回忆，民国三十年（1941年），稍峪里郭家山上的郭商户家捐献出了20亩地；下寨村东门口的大商户李作舟家族捐献了建设学校用的木头；上寨村协通源商号的老三李廷彦（盐税局局长）和老六李廷瑜（教育局局长）捐献了大部分的钱粮（这些都有摊派的性质），加上当时地方人士的大力支持。

就这样，经过两三年的共同努力，新的学校在1942年左右建成，即今天西峪中学的位置。当时的位置大致是：以今天祁西公路门口为界，是学校大门，也就是学校的最西边；学校的东面是五间鞍架房子，给学生做教室；北面是五间偏厦房，给教师办公以及放一些教学用具等等；南面是空地。

1943年前后，学生搬到新学校，学校名字改成“双龙保国民学校”，俗称“寨子小学”。学校办成后，时任县长王汉杰给学校奖励一块白银做的奖牌，有一本16开的书那么大，上面刻着王汉杰写的一首诗，其诗曰：

漾水簇绕群山环，
连城垮凤异悠然。
绿林三面紧摊抱，
杨柳如云欲破天。

新学校办成后，参加了西和县城举办的体育运动会，寨子小学的学生除了运动项目外，有的还会劈刀、使枪、耍拳（刀、枪都是木头削成的），表现优异，在县上的比赛中得到“胜利第一”的旌旗一面，学校因此名声大噪。（另据《西和县志》1947年版记载，截至1945年，西和县建设的小学共118所，全县在1936年以前建设的学校则只有10所，其中包括晚清时建设的2所，这在当时是时间比较靠前的，从这个意义上讲，教育是走在前面的。）

因为办学有功的原因，1944年左右，校长张浩被提拔为白水乡的乡长，并到其他乡镇任乡长直到中华人民共和国成立。教员李尚志也被调到盐官做经济干事（1944—1947年，因为生病而退出乡公所）。

第三节 中华人民共和国成立后的教育

一、中华人民共和国成立初期的小学教育

中华人民共和国成立后，西和在原来寨子小学的基础上继续办学，叫“寨子初级小学”。小学只有4个班，五年级要到城里北关小学去上课。（中学时就在夫子庙的西和中学上学，全县只有一所中学，1959年以后学校开始办高中一年级。）

1957年，西和开始有完整的小学。中华人民共和国成立后，对教师人员采取包下来的政策，基本上沿用原来的教师。

上寨村内没有小学，1954年县长龙一飞在任时，仍然下聘书让李尚志做教师，如图5.4所示为李尚志的聘书，但最终因为种种原因未能成行。小学在现在西峪中学的位置，当时叫“寨子中学”，这个名称一直沿用到1996年。从此开始到1964年，小学部都设在寨子中学的位置。

20世纪50年代，当时教师的工资是每个月354斤粮食（这是按照1951年普通教师的标准，其中根据学历、资历等有所区别）。

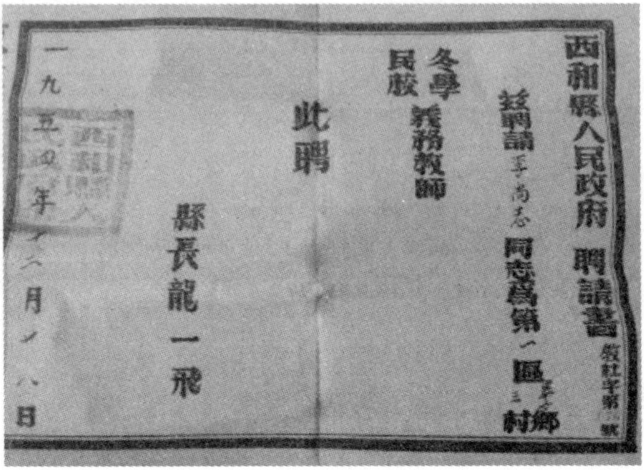

西和縣人民政府 聘請書

教社字第 號

茲聘請 李尚志 同志為第一區 三 鄉 村

冬學
民校 義務教師

此聘

縣長 龍一飛

一九五四年 月 日

图5.4 李尚志的聘书

二、耕读学校时期

从1964年开始，上寨子的上城和下城开始办耕读学校。随即，各个村庄办起了耕读学校。上寨子的耕读学校有两位教师：一位是在上城的教师李树泽，当时没有教室，教学用的教室设在今天的家神庙；另一位是在下城的教师李俊文，他从礼县师范学校毕业回来，教室是借李旋回的房子。他们都是一个人给几个年级的学生上课，属于半耕半读学校。

三、寨子中学时期

1967年初期，耕读学校撤销，并入寨子中学的小学部分，李树泽和李俊文转入中学当教师，当时是人民公社时期，他们是公社出面请的教师，简称“社请教师”。

社请教师的工资是每个月15元，同时在离县城边远一点的地方，每年给他们分配300斤小麦，比如大桥的教师就有这样的待遇。（有的地方是要给户籍所在地的村上大队上缴5元，大队仍然记一个工分。）

1973年，寨子中学开始办两年制的初中班和高中班，原有的学校在现有基础上升成高中，继续接受教育，加上中华人民共和国成立以后基本上比较稳定的生活，新生逐步进入小学和初中上学。而加办高中使得原来已经紧张的教学硬件已经不能满足需要。在这样的状况下，为缓解寨子中学的教学压力，满足后续学生的就学需求，各个村庄相继进行小学教学点的建设。

四、农村教学点时期

将寨子中学的小学部向各个村子（当时的大队）下放，叫教学点。上寨教学点的各项筹备工作由村出面解决。上寨村的村支书李生铭非常积极地支持，李生铭向当时寨子中学的校长赵新仓提出调张玉琴来做上寨教学点（上寨小学前身）的负责人。

张玉琴（如图5.5所示），女，西峪乡上坪人，1938年出生，1962年毕业于成县师范学校。工作认真负责，教学实践全面，是当时的教育能手。而寨子中学出于对教师资源的考虑，不让张玉琴去办学。李生铭书记坚持提出由张玉琴负责上寨教学点（“文革”期间，贫下中农参与教育管理，有资格和权利提条件），加上张玉琴嫁给上寨人李儒选（当时在天水教学）的缘故，双方经过多次沟通，最终决定上寨教学点的启动工作具体由张玉琴来负责。

图5.5 张玉琴像

上寨教学点从1973年开始筹备，1974年下半年开始实施，负责的老师是张玉琴。据张玉琴回忆，起初的学校没有教室，村上出面临时借李有福的房子做教室（借房子的人家因为有学生在，大小便沃粪后给生产队，给主家记半个工分，算是房租），教学人员是李朱蛋。

当时办学的条件非常艰苦，由于学校是借住的民房，学生没有课桌上课，每个学生只能各自从家里抬土墼（读音，jī，未烧的土坯）子来。张玉琴同“队请老师”（生产大队请的老师，工作酬劳是大队里面记一个中上的工分）一起和泥，攀土台当桌子。板凳是从自己家里带来的，用的是泥黑板。只能用很有限的资金，购置一些最基本的教学用具。有些用具就是从自己家里拿到学校去的，如闹钟、扫帚等等。临时教室整理好后，从1975年下半年开始招收第一批学生共97人，当时只有一年级两个班。李金哲、李文化、彭不李等是上寨村的第一批小学生。1976年，开始有二年级，但是学生一增加，学校的教室就不够，只好将学校邻居家的民房也借下来，从中间开一个便门。其时，另外两位队请老师李香花和李鼓力也加入新教师队伍。

1977年，原来的二年级升为三年级，教室又不够用，开始在上城背后借李大娃家房子新办一年级，二、三年级则在老地方。1978年，开始在原来知青点的房子里面办四年级。其间，教师结构也开始发生变化，知青到来后，队请老师就回队里劳动，代课老师由部分知青代替。

1979年，小学教学点有4个年级的学生。从这一年开始，全部转入知青点上课（知青返乡回城，房子全部空出来，即是今天上寨小学的地址），但是五年级还在寨子中学。

1980年开始，上寨小学五年级的学生到寨子中学读书，新升到五年级的同学1981年开始全部在上寨小学读书。至此，上寨小学五年制的建制和人员基本齐备，在小学年级不断增加的时候，教师的队伍也逐步增加，其中公派教师有刘萍蓝、徐文华（上海支援西北的教师），社请的教师有李卫泽、卢祥生、李逢春、陈二学，知青有丁芸等。五年级的学生直接升入初中读书，九年制义务教育制度的六年制小学部分实际上只有五年，这是受当时的条件所限。

1978—1985年间，教学的领导人员先后有张玉琴、卢祥生、李逢春、李卫泽、牟好学、李泉、徐文华、李都城、李贵生，整体处于摸索阶段。1984年，西和爆发大雨，将知青点西面（现在村委会办公楼位置）大队的房子冲垮。趁灾后重建的机会，将西面修成约10间房子，借为教师办公室。至此，学校的软硬件设施基本完善，小学教育在体制上开始走上正轨。

五、改革开放后的教育

“文革”的结束是教育的新开始，但实际上整体的运行轨迹还是按照惯性向前滑行。新的学校给人们以新的希望，学校的建设基本上逐步趋向稳定，但是教学质量还是比较难抓上去。改革开放后，学校增加了一个扫盲的功能，从“文革”开始，学校很少能从学习文化知识的角度去办教育。

1984—1997年间，学校的基本设施在稳定的基础上抓教学，年年办扫盲班，扫盲成为小学承担的一个功能性任务。这一时期，不断有新教师加入学校的队伍，其中有张榜定、魏淑慧、陈汝、王俊英等。这其中有正式的国家公办老师，也有“社请老师”，他们都在努力为教育付出。

1997年，学校的20间教室也已经不能容纳下当时的学生数量了，在学校、村委和政府部门的支持下，上寨小学建设新的小学教学楼，这是全乡镇的第一个村级小学教学楼。新的小学教学楼的建成，一方面是村民对教育前所未有的重视，因为上寨村在20世纪80年代培养出第一批大学生，如李金哲、李文化、彭不李等等。经过10多年的培育，大学生层出不穷，村民不仅看到教育带来的经济效益，更重要的是从人才的角度看到教育的深远意义，因此村民捐款、变相捐款的积极性都是非常高的。另一方面，政府也把教育当成最重要的事情，对教育的支持力度比较大。

上寨小学能办好，总的来看，主要有以下四方面原因。

一是村民较早萌发了对教育的投入意识。从晚清举人李端兄弟的影响，到民国教育局局长李廷瑜、盐税局局长李廷彦兄弟的成功，再到中华人民共和国成立后牟鸿烈、牟鸿年兄弟的成绩，通过读书来改变命运的逻辑是很清楚的。村民有教育优先的投资意识，这是一个传统，对于教育优先和教育带来好处的意识是比较强的，这往往也有家族的影响。

二是村民具有吃苦耐劳和艰苦拼搏的精神。这不仅仅考验学生的坚持和忍耐，在靠天吃饭的农业社会，对父母更是严峻的考验，这其间出现了许多忍饥挨饿供孩子上学的父母，也有许多勤俭节约上学的优秀子弟，家庭的共同努力让生源有了保障。这是上寨小学的基础。

三是教师教育得力。至少从1860年起上寨就一直有私塾教育，直到1936年被新式教育取代，再到中华人民共和国后的教育和改革开放后的教育。140多年来，上寨的教师绝大多数是本村人（并不是外地的老师不好），这使得他们把“百年树人”和自己的身后事紧密联系了起来。在教学的学生中，往往是亲戚、亲房和熟人的孩子，所以教师更用心、更努力！教师的敬业付出是上寨小学教育相对成功的保障。

特别要礼赞的是“社请老师”。从人民公社时代即1965年前后开始，他们得到的报酬从生产大队的工分开始，社请老师的待遇是生产队记一个中上的工分，同时一个月拿15元的工资，其中给生产队交5元，自己留10元。

20世纪80年代，土地划到户后，工分制取消，这些教师的工资长期保持在130元左右。这些可敬的教师，领着微薄的工资，几十年如一日地坚持在教学岗位上，守护着农村人的希望，纵使清贫也默默地付出、奉献着，为教育倾注自己的青春，给农村孩子铺就一条希望之路。国家的经济整体好转后，从1996年开始，国家对这些为农村教学奉献了青春的“社请老师”进行考核并正式聘用。截至2004年前后，“代课老师”“社请老师”这样的词语存在了将近40年后，连同它的待遇，基本结束了历史使命，这些教师的待遇问题基本上得到了解决。

四是社会整体环境的稳定和行政影响力提供了支持。没有战乱的稳定环境是办教育的前提条件，而从古到今行政对教育一直持积极支持态度，并且尽可能优先保障教育，历任行政人员对小学教育的支持是一贯的。

综上所述，各方力量的综合作用使得上寨小学的教育在20世纪70年代起步后基本上不断提高，顺利地走在了全县的前列，这是众志成城的结果。

1998年开始，随着教学楼的兴建和多年积累的教学经验，上寨小学的教学质量有了较大提高，新的学校也因此有了新的希望。

陆

第六章

近代上寨名人简介

第一节　王服远

明代天启年间（1620—1627年），王服远任山东省济南府通判，其事迹在现有县志中有如下记载。

（1）清康熙《西和县志·孝子篇》（1677年）：明天启年间，生员王服远父死，既葬，庐于墓左，晨昏哭奠，风雨不废者三年。御史闻之，旌其门曰“孝行可风”，后官志通判。

（2）清乾隆《西和县志》卷三《选举篇》（1775年）：明代，贡生王服远，选拔，任山东济南府通判。

（3）民国《西和县志》卷九《嗜旧志上·孝友篇》（1947年）：明代王服远，选贡生，任山东通判，以母老辞归，孝行卓著。母逝，尽哀尽礼，既葬，犹庐墓三年，巡方使旌表之，祀乡贤祠。

王服远去世后葬家乡上寨村的地方，至今仍被称呼为“王官人坟”。但是从历代县志的记录看，《康熙志》和《民国志》的记录不同，《康熙志》记录为丧父结庐，《民国志》为丧母结庐，按照历史时间近更似真的原则，《康熙志》应该优先准确。

而从事情的过程看，并不排除先给父亲尽孝再做官至通判然后母老辞归再给母亲尽孝的可能，然而很明显，记录有不明确之处。只能以孝子记录。

第二节　李登庸

光绪年间的武生，也就是通常所说的“武秀才”。他的家族里还有一个考科举的秀才，所以村里人称之为“文武双秀才”。

其父李裕德于光绪六年（1880年）纳捐，获得了“官生”的功名。按照当时的惯例，为李裕德颁发了执照，并被其后裔李多利珍藏（如图6.1所示）。

据《清史稿·选举志》记载：“凡报捐者曰官生，部予以据，曰执照。”执照原文，从右到左竖行，现在为阅读方便，笔者改写成从左到右边的横行，自上而下书写：

> 特授巩昌府西和县儒学正堂加五级纪录五次田
>
> 执照事案，据西和县学贡生刘连野，廪生刘炯，增生铁文漠，刘兆运，武生刘兆德，王朝用等，公举北乡上寨子居民李裕德，现年六十余岁，系武生李登庸之父。身家清白，品行端方。祈耆宾

图6.1　李裕德的纳捐执照

之选，以异（待确定）顶戴荣身等情到学，本学查其人品，年纪与例相符，除节具文详情，上宪咨部注册，准给顶戴，外理宜填写执照给发该宾，令其执收。顾名思义，不可滋生别故，勿得视为虚名。从前之忠厚，固属可嘉；以后之声名，尤当自爱。耕读传家，慎勿自暇自逸：清廉立品，必须克俭克勤。庶不负多士举报之心，宜有含本学祥情之意。为此，给照宜遵，勿违须至执照者。

右照给耆宾李裕德准此

光绪六年十月二十日

所谓纳捐，简言之，就是拿钱买官做。在中国古代历史上，清朝是唯一一个把纳捐作为国家正常升官制度确定下来的朝代。其他朝代虽然也有纳捐，但是都没有像清朝那样成系统，而且作为国家一项重要财源来组织实施和经营。

据其他历史资料，康熙远征噶尔丹的时候，由于经费不足，曾经下旨纳捐。起初，纳捐只是个例子，主要应对三个方面的事情：一是拯荒，当爆发旱灾、水灾、蝗灾、地震等自然灾害的时候，临时需要增加政府性支出；二是河工，治理河流等开支大，但一时没有效益，在国家工程中，国家投入不足的时候需要额外的补贴，在农业社会，治理水系始终是一个关键工作，特别是黄河流域；三是军需，也就是战争的时候，需要额外的支出来填补。

纳捐制度的设置，开始于经济需要，也有网罗其他人才的需要，以补充科举考试的漏洞。这样，纳捐就成为清朝除科举、荫袭和保举外的又一个途径，并伴随了清朝的一代人。

李登庸的后代就是被称为“商户”的一家，其家族有兄弟三人，村里人分别称之为“大商户”“二商户”和“三商户”。

李登庸家族的土地，至今流传的说法是上寨现有的土地尤其是现在的川地，基本上是他们家族的。今天新路的大井到上河坝这条直线的路，就是武生李登庸用来练习跑马射箭的路，水泉套这条路也是用来练习弓马射箭的。

据其后辈讲述，为了练习马上力量，冬天的时候，他们要把水故意倒在木桩底部，这样经过一晚上，水就结冰冻住了。在跑马练习时，他能在马上将木桩从地下拔起。

李登庸家不仅有土地，还有水磨。有一次，邻村有个比较刁蛮的人在他家水磨里磨面粉。当时粮食还没有彻底干，主人家不给上磨，但是这个人一定要磨面，而且一口咬定粮食是干的。这时，正好被李登庸碰到，问明原因后，他抓起一把粮食说，这个粮食真的没有干。随着他手的搓动，粮食变成粉末状，这才推掉了磨面的人。

20世纪80年代，他家修房时，从老房子的顶棚（笔者老家叫重棚）上拆出了武生曾使用的木弓，当时木弓已经腐朽，牛筋的弦也朽断了。

据口头的流传和这份书面证据来看，这个商户是名副其实的，如果没有钱做基础，那是没办法纳捐的。

第三节　李煓

一、李煓及乡试简介

李煓（1862—？），字午山，号淼林，行二。同治壬戌年（1862年）九月二十一日寅时生，系甘肃巩昌府西和县廪生民籍贯。甲午年（1894年）甘肃省乡试中举，时年32岁。据当时老一辈人的口头传说，当时李氏家族一起去考试的三个秀才，分别是兄弟排行老二的李煓、兄弟排行老四的李镕镜（两人是亲兄弟）以及堂兄弟排行老八的李莲芳，中举人的只有李煓，李镕镜和李莲芳没有考中。李煓中举后，到甘肃文县做教谕，兼代理知县，而李莲芳做了方圆百里的私塾老师。

清朝从顺治元年（1644年）开始，定以子、午、卯、酉年乡试，辰、戌、丑、未年会试。

清朝科举分为三级考试，即乡试、会试和殿试。乡试每三年一届，试子于地方直省，中第者为举人，第一名为解元。

参加乡试的有两种对象：一是在监贡的监生，他们由本监官考选；二是地方学校的生员，生员参加乡试必须首先通过学政主持的科试，生员只许应试本省的乡试。

清代的乡试充满着激励残酷的竞争，是士子科举征途上最难逾越的一级。乡试的参加人数有名额限制，原则是根据乡试中第（包括指标副榜）指标来分配名额。

乡试考三场，每三天举行一场。三场的内容和体裁历代时有变化。《钦定科场条例》对乡试题目程式做出了具体的规定：

乡试、会试题：

第一场：四书制义题，五言八韵诗题一。

第二场：五经制义题一。

第三场：策问五。

四书题，首《论语》，次《中庸》，次《孟子》。如第一题用《大学》，则第二题用《论语》，第三题仍用《孟子》。

五经题，首《易经》，次《书经》，次《春秋》，次《礼记》。有前后颠倒者，照出题错讹字句例议处。

按照清朝的考试制度，第一场考试所作的诗，最能看出士子的才气。乡试的三场在形式上是并重的，但是实际上首场最重要。乾隆四十七年（1782年）明确规定："若头场诗文既不中选，则二三场五经文，策论间有可取，亦准复为呈荐。"嘉庆十年（1805年）也规定："乡、会试三场并设，经文、策对，原与制艺并重。然必须……先阅头场，后阅二、三场，先校荐卷，后搜落卷。"

二、乡试硃卷

李煓中举后，朝廷按照当时的制度，赐家公庙匾额"德裕后昆"，赐家族匾额"光耀宗族"，并敕封举人五服内的上两代宗族，举人的父亲辈封为"文林郎"，母亲辈分封"安人"，祖父辈封"处士"，祖母辈分封"孺人"，并对李煓中举人后的四书题作为例文刊印，由李耀林先生珍藏（如图6.2、图6.3、图6.4所示）。

在科举时期，为了防止考生同主考官因为名字认识而作弊，从宋代开始，考生已经是"糊名制"，主考官看不见考生的名字。随着考试制度的发展，从考生的字迹也能分辨出考生，为了保证公平，又采取了"誊录制"，即硃卷。因为考生的考卷是用墨汁进行答复的，呈黑色，所以叫"墨卷"，经过专门的"誊录"人员誊抄出来供考官阅卷的是红色，所以叫"硃卷"。在明朝，改卷用过紫色，推测是因为皇帝姓

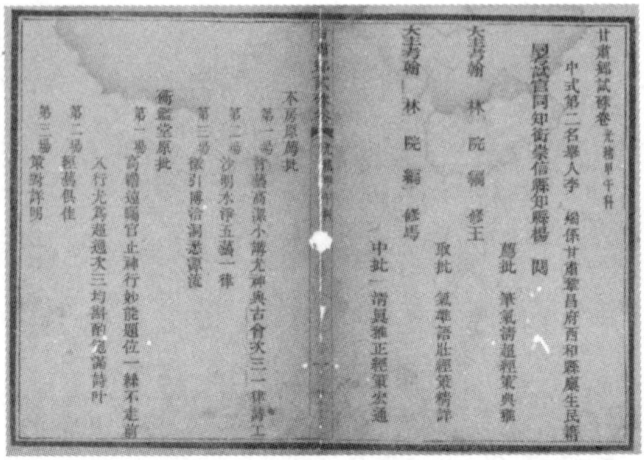
甘肅鄉試硃卷　光緒甲午科
中式第二名舉人李　端係甘肅鞏昌府西和縣廩生民籍
受知官同知銜崇信縣知縣楊　閱
薦批　筆氣清超經策典雅
大主考翰林院編修王　取批　氣韻蒼勁經策精詳
大主考翰林院編修馮　中批　清真雅正經策宏通
本房原薦批
第一場　首藝高潔小講尤爲典古會次三二律詩工
第二場　沙明水淨五藝一律
第三場　援引博洽詞意豐流
監堂原批
第一場　高瞻遠矚官止神行妙能題位一絲不走
入行尤爲超逸次三均斟酌完滿詩叶
第二場　經藝俱佳
第三場　策對詳明

图6.2　李端甲午科乡试硃卷第一页

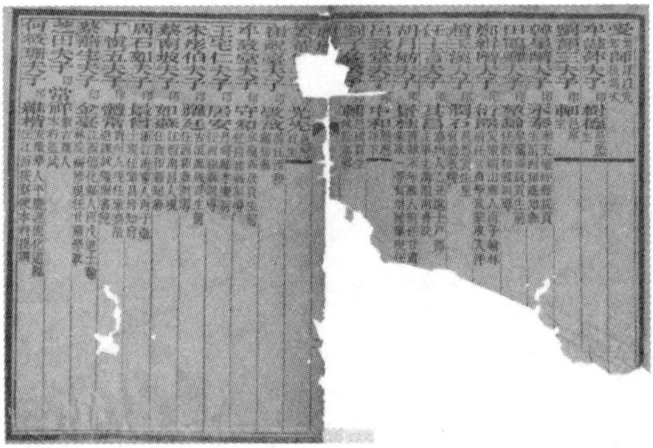

图6.3　李端甲午科乡试硃卷第二页（部分内容缺失）

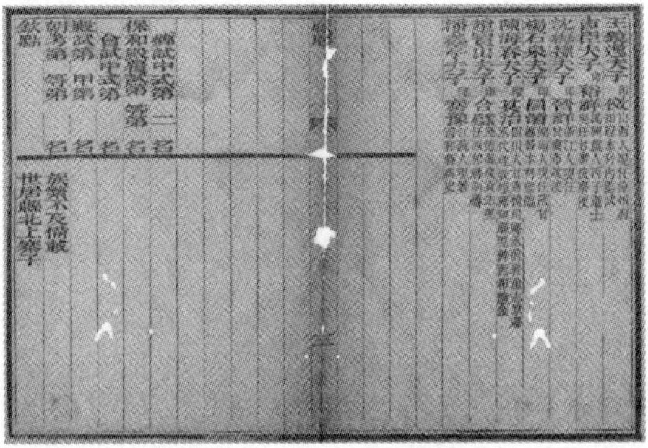

图6.4　李端甲午科乡试硃卷第三页

朱，“硃”音同“朱”，所以用紫色改卷是避讳的产物，而到清代仍然称硃卷。刊印的硃卷全文如下。

题一：吾闻其语矣，隐居一求其志，行义以达其道，吾闻其语矣！（如图6.5、图6.6所示）

答卷文章：

幸所闻之不诬，而经世者又有说矣！夫犹是闻也，而亦既见止，则所闻良不虚矣！彼求志达道之语，能勿念所闻而情深哉？意谓吾人读书论世，得闻所未闻，尚矣！然品谒攸殊，流传不一。以今日追维往训，征无不信者，何可胜道？但迹其所表著，已有一二不虚焉，等而上之所云，体用兼备，陈义甚高者，视此又过不想侔吾，乌知今必异于古，所云聊以所闻乎？古者历验之，尔如不及如探汤，有其人适有其语。向者吾几不复记忆，谓循诵习传，往来寐寐者，尚不止此。及今思之，觉吾之俯仰上下，默契怀来者已，幸而得此。古今人不甚相远，一节之合，心亦少慰，以此见古语不吾欺也。

语不关经纶位育之原，必不足深人之景幕。若人虽未克臻此，而旌别之克树风声者，固已卓然有定识，耳提若接而觌（dí，相见）非艰，何虑斯言语之？或爽（明朗，清亮）也，语不关齐治均平之大，必不能动人之遐思，若人虽未必及此，而其克

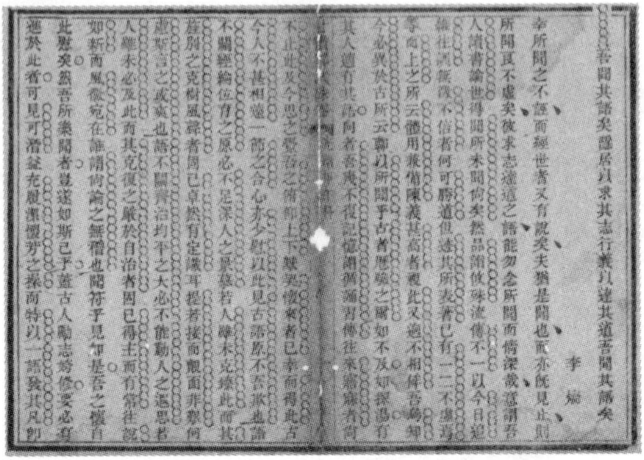
吾聞其語矣隱居以求其志行義以達其道吾聞其語矣

李端

图6.5　李端甲午科乡试硃卷第一场四书制义第一题第页

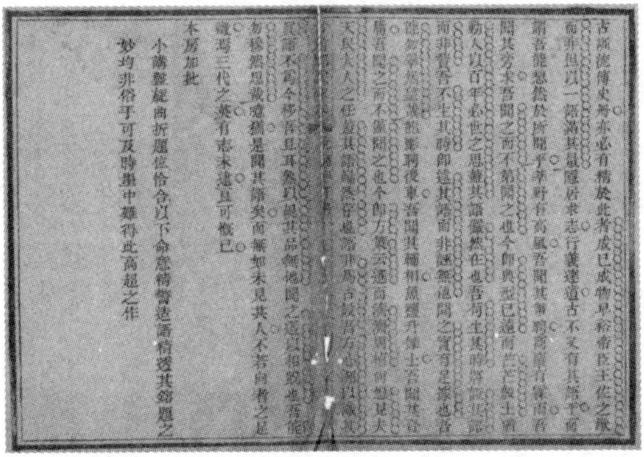
本房加批

小講盤旋而折題位恰合以下命意精警造語精遒其解題之妙均非俗手可及時藝中難得此高超之作

图6.6　李端甲午科乡试硃卷第一场四书制义第一题第二页

复之严于自治者，固已！得主而有常，往说如新，而风徽宛在，谁为尚论之无稽也！（上下文是对偶句，重新阅读）

闻符合见如是，吾之怀自此慰矣！然吾所乐闻者，岂随如斯而已乎？盖古人励志姱（kuā，美好，夸耀）修，要必有进于此者，可见可潜，益充履洁怀芳之操，而特以一语发，其凡师古训流传史册，亦必有精于此者，成已成物早裕帝臣王佐之献，而非但以一语满其量，隐居求志，行义达道。古不又有其语乎？而谓吾能皆然于所闻乎？

莘野有高风，吾闻其弊聘；商岩有霖雨，吾闻其旁求。吾闻之而不第闻之也。今既典型已远，而芒芒殷土犹动，人以百年必世之思蓋其语，俨然在也。吾苟生其时，将证其时而非赘吾。不生其时，即述其语而非诬，无他，闻之实有足据也！吾能毅然望哉？

龙丽聘后车，吾闻其辅相；鱼盐升杰士，吾闻其登庸。吾闻之而不仅闻之也。今即方策云遥，而济济周桢，尚想见夫天民大人之任，蓋其语岿然存也。语非为古设，吾方心溯识其真语，不为今移吾。且耳熟以觇其品，无他，闻之遥以相贶（kuàng，赐予，赠）也，吾能勿穆然思哉？噫，由是闻其语矣！而无如未见其人，不若向者之足征焉，三代之英，有志为逮，良可慨已！

本房加批

小讲盘旋曲折，题位恰合以下命意，精警造语，精透其镕题之妙，均非俗手可及，时墨中难得

图6.7　李端甲午科乡试硃卷第一场四书制义第二题第一页

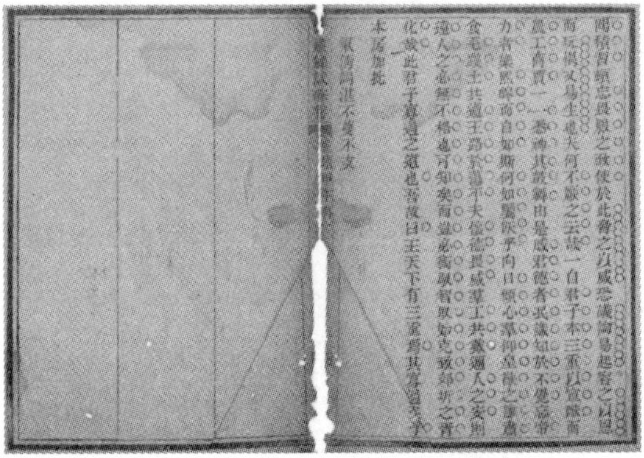

图6.8　李端甲午科乡试硃卷第一场四书制义第二题第二页

此高超之作。

注：此篇文章的题目，出自《论语》的《季氏将伐颛臾》篇。

题二：远之则有望近之则有厌（如图6.7、图6.8所示）

答题文章：

即远近以征君子之寡过，不以地拘也。夫远固难有望，而近尤难不厌也。有望不厌，复何过之未寡哉?

且王者以身率物，欲合天下之大，兆民之众，统内外遐迩，而情悉协者，此其道要本于一心，雇能以一心裕制作之精，而迪德在上，斯能以一心恰亿兆之众，而怀德在民，非然者政教不行，而欲海隅无离心畿甸，无亵心融融。

夫君子既言，行为世法则矣！其寡过不已，征诸天下后世哉？然而征诸着，尤必验于当时。则蓋即远近以观不见。夫远之有望，然而有望固未易言也，业已僻处遐陬（zōu，商议，咨询），未获置立于王朝而隔门万里，或不免心德见离。顿成遗弃之思使于此，束之以法恐雠（同“仇”）怨易生，谕之以理而梗顽又难入也！夫何有望之云哉?

一自君子本三重以宰世，而信武智仁在，在悉副其观瞻。由是仰制作者共深引领之情。羡风声者悉慰翘首之愿。斯何如景仰乎?

贡獒贡雉，西旅犹尽其输；将来享来王，狄羌亦输其悃悃（kǔn，诚恳），夫闻风向化，重译入朝，远者之来，则近者之必无不悦也！可知矣，而岂必刑驱势迫，始克致声教之四讫哉?

不见夫近之不厌乎？然而不厌尤未易言也。亦既讬（即托）居宇下时，歌孔迩于父母，而生聚经百年，或亦因见闻积习，顿忘畏服之致使于此，协之以威，恐议论易起；容之以恩，而玩愒又易生也！夫何不厌之云哉！一自君子本三重以宣猷，而农工商贾，一一悉其神鼓舞，由是感君德者，泯识知于不觉；忘帝力者，乐熙皞而自如。斯何如厌饫乎？向日倾心群仰皇酋之（邑难）肃，食毛践土，共遵王路于荡平，夫怀德畏威，群工共戴，迩人之安则远人之比无不格也！可知矣！而岂必术驭智取，始克致郊圻之胥化哉！此君子寡过之道也。吾故曰“王天下有三重焉，其寡过矣乎？”

本房加批

气清词湛不蔓不支。

注：题目出自《中庸》。

题三：放勋曰：劳之来之，匡之直之，辅之翼之，使自得之，又从而振德之，圣人之忧民如此。（如图6.9、图6.10所示）

答题文章：

述古帝命教之词，益见圣人之劳心矣！夫放勋

图6.9　李端甲午科乡试硃卷第一场四书制义第三题第一页

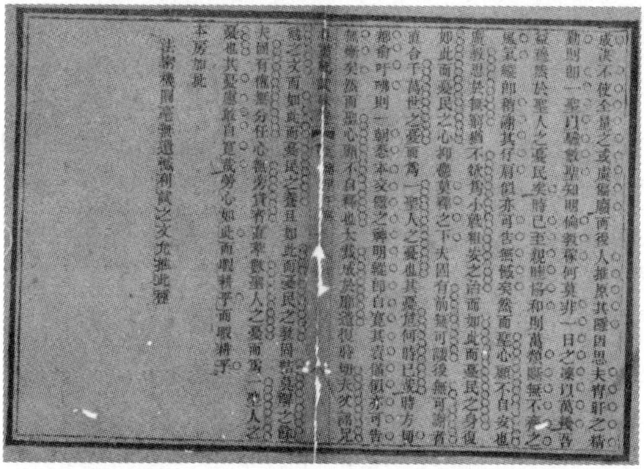

图6.10　李端甲午科乡试硃卷第一场四书制义第三题第二页

数言，皆为忧民计也！由治水教稼而统观之，圣人之劳心，不于此益见乎？且自平章著于帝典，一时黎民于变百姓，昭明论者，圣人坐理之逸也！

岂知宣猷（yóu，计划，谋略）布化于人，有不过之范围，竭虑殚精在己，无或宽之寤寐，苟不即浩诫之，至情默澄。夫惕厉之隐念，吾恐教民之事不著，圣人之心不彰，即数圣人惓惓（quán，同拳拳）苦衷，亦无以共白于天下。治水教稼之后，使司徒教以人伦，圣人忧民之心至此，亦可释然矣！

然而劳心之圣人，其忧民尚不止于如此也！不观放勋之言乎？虞史纪敬教之旨，而平阳肇治，曾未有如此之经猷，几疑当日劝民善，禁民邪，使民迁善而不知为者，立治尚从乎？而不知遗文所布，阅世如闻其声。夏廷详声教之规，而唐帝建基曾未闻有如此之训诫，几疑当日之戒，用休董，用威劝、九歌而俾勿坏者，立法未极其精详。而不知简命所颁，百代犹钦为典。

今试一考其词曰：劳之来之，厉其志也；匡之直之，正其趋也；辅之翼之，使自得之，复其性也，又从而振德之，欲其有得无失也！是可以见圣人之心，盖当日运量之周，唯恐有毫发之遗憾，而本至情以垂，至训斯诱掖曲成，决不使全量之。

或虞偏废，而后人推原来，其隐因思。夫宵肝之精勤，则即一圣以验数圣。知明伦，教稼何，莫非一日之凛以万几。吾益穆然圣人之忧民矣！时已至亲，睦协和则万类断无不齐之风气，纵即稍谢其仔肩似，亦可告无惑矣。然而圣心固不自安也！广教思于无穷，犹不欲为小就粗安之治而如此。而忧民之身复如此，而忧民之心抑郁莫释之下。

夫固有前无可诿，后无可谢者。直合千万世之忧，而为一圣人之忧也，其忧危何时已经哉？时方切都俞吁咈，则一朝悉本，交儆之神明，纵即自宽其责备，似亦可告无惭矣！然而圣心顾不自释也！

大裁成于靡，遗复时切。夫父诏兄勉之文而如此，而忧民之养且如此，而忧民之教固结，莫解之余。夫固有权无分任，心无旁贷者，直萃数圣人之忧而为一圣人之忧也！其忧虑敢自宽哉？劳心如此而暇耕乎？而暇耕乎？

本房加批

法密机圆，毫无遗憾，利试之文，允推此种。

放勋曰："劳之来之，匡之直之，辅之翼之，使自得之，又从而振德之。"圣人之忧民如此，而暇耕乎？

注：此题目出自《孟子》。虽然题出自《孟子》，而答题多用《尚书》的内容。如"放勋，平章，昭明"。

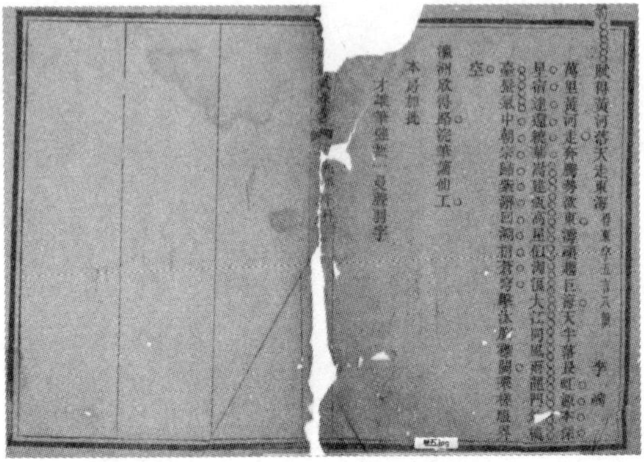

图6.11　李端甲午科乡试硃卷第一场五言八韵诗题

题四：诗词一首（如图6.11所示）

诗题一首：

赋得黄河落天走东海得东字五言八韵

万里黄河走，奔腾势欲东。

涛头趋巨海，天半落长虹。

原本探星宿，途远绕华嵩。

建瓴高屋似，淘浪大江同。

风雨龙门外，亭台蜃气中。

朝宗归紫澥，回溯指苍穹。

击汰胸襟阔，乘槎眼界空。

瀛洲欣得路，浣笔谪仙工。

本房加批

才雄笔健无一曼声弱字。

三、李端家族

举人李端，出自上寨李氏小二房（如图6.12所示），此系为先祖李诚明侄子，这一支繁衍生息，基本上是在下城居住。小二房的先人在清朝嘉庆年间时已经形成三房，分别是协通源家、老爷家（举人）、豆腐坊家。今天大坟湾的坟茔就是小二房的坟茔，此坟在清嘉庆年间形成规模，故被称为“嘉庆坟”。坟的字向是坐西朝东，因此，坟堆从南到北依次是豆腐坊家、老爷家、协通源家。

李端中举后，朝廷按照当时的制度赐家公庙匾额“德裕后昆”，赐家族匾额“光耀宗族”，并敕封了举人五服内的上两代宗族，举人的父亲辈封为“文林郎”，母亲辈分封“安人”，祖父辈封为“处士”，祖母辈分封“孺人”，在今天举人家族的先祖牌位上依然能看到这样的字样。

李端家族的后人为了纪念先祖的功德，对朝廷追封的先祖画像祭祀，此即为小二房的“小家情（读音）”，三房的人一直有祭拜，这幅图历经百年时间，最后依然得以保存下来。

举人的书籍资料，当时除了举人自己的藏书以外，中举后，朝廷有赐书籍、毛笔，以及朝服、红顶戴子，还有女性的凤冠霞帔、眼镜、毛笔等等。举人

图6.12　小二房家情景图（李福智珍藏）

图6.13　清廷赐予李端家族的匾额（李争峰家保存）

图6.14　李端家族的旧院

之后，这些物品在过年的时候由后人摆在先人桌子上进行祭拜。但后来，这些在“破四旧”的运动中基本上已遗失。在举人家修房的时候，有修建装饰性门楼，里面架放的是朝廷赐的“光耀宗族”匾额，现在也已经不见。李端的家谱资料，1966年迁葬，现有的族系家谱是手抄本上的。

清廷赐予李端家族的匾额如图6.13所示，李端家族的旧院如图6.14所示。

四、李端书法读字故事

据李耀唐先生讲述，在李端的家里挂有一副

横幅的字，上面手书“荡平正直”四个大字。有一天，有三个读书人来访，第一个人顺口读出了“荡平（píng）正直”，但意思上说不通；第二个人看了后不确定，没有吭声；第三个人看后读出“荡平（biàn）正直”。后来，李煓对人讲，最后一个人读的是正确的。

平（biàn）是“乎”（下面是一竖，没有钩）的讹变，后写作“平”，读音为“biàn”，四声，分辨、辨别的意思，语出自《尚书》。

李煓中举后，整个家族后来被称为“老爷家伙子”，从有记载的资料看，从明代天启年间（1921—1927年）的大孝子王服远（俗称王官人）后，这是有历史记载的第一个有功名的人。在中国传统社会，中举就意味着有了进入上层社会的可能，也意味着家族命运的转变。所以李煓成了后世族人效仿的楷模。他的意义不在于激励多少人能做官，而是给了后人努力向前的鼓舞，更为重要的是，家族把教育放在首位，并用儒家的道德规范来约束家族中的人。这使得族人拥有明礼诚信的价值取向，有兼济天下和独善其身的儒家修身道德约束，尽可能规范自己的行为，在任何社会形态下都做一个好公民。

举人其他政绩和文章，在民国《西和县志》和文

图6.15　李煓居住过的小院

县志[①]的资料中没有查到，需要新的证据来举证。

根据民国《西和县志》，李煓去文县担任教谕，负责全县的教育工作，兼代理过文县知县。根据《文县志》的记载："明代至清初，文县儒学署设教谕1人，训导1人。教谕主持文庙祭祀，宣扬儒家经典和皇帝训示，负责文武童试，为乡试选拔人才，训导协助教谕进行工作。教谕为正八品，由朝廷或者地方从举人中拣选委任，训导为从八品。乾隆二十三年（1758

① 《文县志》编纂委员会. 文县志［M］.兰州：甘肃人民出版社，1997.

年），裁训导，只设教谕，延至清末。”

至今村里还流传，李煓回西和后，西和的新任县长是文县人，专门拜访举人的事情，所谓的县长官大，但是辈分小（学生的意思），举人去文县当教谕兼职老师，是举人的主要职业。

后来朝廷任命他到安西直隶州担任县令。安西直隶州，古代称瓜州，即今天的甘肃瓜州县。主要是因为路途遥远和他身体的原因而没有成行。

李煓居住过的小院如图6.15所示。

第四节　李启瑞

李启瑞（1903—1932），西和上寨人（如图6.16所示），生于清光绪二十九年（1903年），民国九年（1920年）在西北参谋培训班毕业，在二十二路指挥兼三十师师长吉鸿昌将军麾下从军，1931年，蒋介石解除了消极“剿共”的

图6.16　李启瑞像
（由李德宏珍藏）

三十师师长吉鸿昌的职务，由彭振山出任师长。1932年2月8日，吉鸿昌将军亲手组建的第十一师被改编为第三十军，彭振山任军长，下辖第八十八旅、第八十九旅、第九十旅。李启瑞在八十八旅一五七团任团副。

1932年6月，蒋介石指挥对鄂豫皖进行“第四次围剿”，红军反围剿中，徐向前指挥军队进攻湖北麻城，以解决麻城危机。蒋介石命令驻黄陂的第三十军驰援麻城。7月24日，八十八旅在李家集战斗中，一五七团中校团副李启瑞阵亡①。

1932年10月20日前后，吉鸿昌从上海抵达汉口以北的宋埠等地，以寻找和看望他的旧部官兵为名，试图拉出一部分队伍举起红旗，就近奔向鄂东北苏区，投入中国工农红军的战斗序列中去。当吉鸿昌只身来到第三十军军部驻地宋埠时，犹如一石激起千重浪，即刻引起不少故旧袍泽的惊恐不安。吉鸿昌联系八十八旅、八十九旅和九十旅起义，均以失败告终。1934年11月24日，中国共产党员吉鸿昌被蒋介石下令杀害；1935年4月，三十军军长彭振山以“秘密通共”

① 中国工农红军第四方面军战史. 中国工农红军第四方面军战史资料选编：附卷［M］. 北京：解放军出版社，1993.

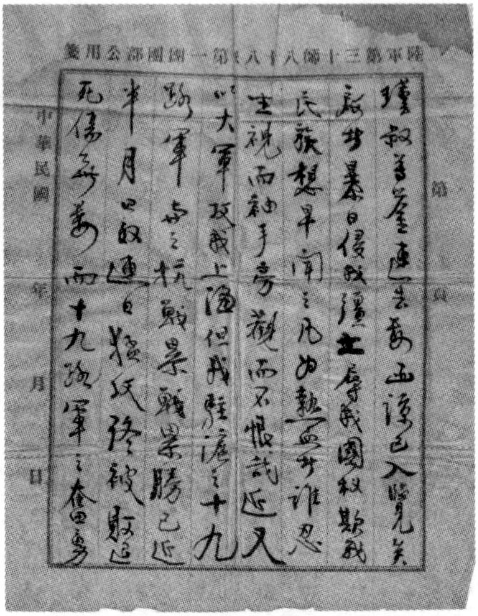
陸軍第三十師八十八旅第一團團部公用箋

第　頁

中華民國　年　月　日

图6.17 李启瑞家书第一页

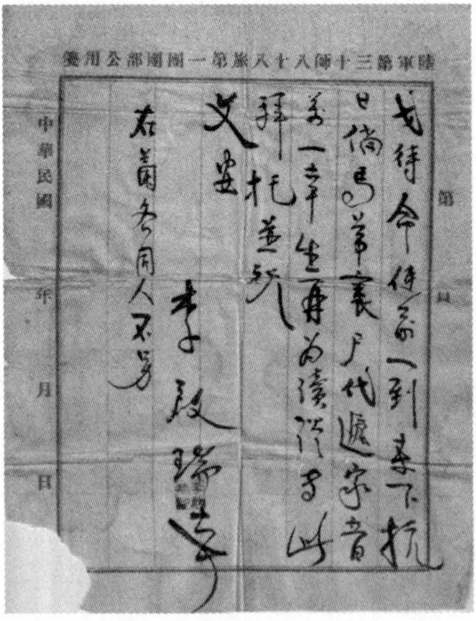
陸軍第三十師八十八旅第一團團部公用箋

第　頁

中華民國　年　月　日

图6.18 李启瑞家书最后一页

和“违抗军令”罪名被蒋介石下令处决。

李启瑞在吉鸿昌将军麾下服役期间，曾经给友人写过一封信（由李振洲珍藏），内容如图6.17、图6.18所示：

瑾叔万鉴：

连去数函，谅已入览矣！启者暴日侵我疆土，辱我国权，欺我民族，想早（已）闻之。凡为热血者，谁忍生视而袖手旁观？而不恨哉！延又以大军攻我上海，但我驻沪之十九路军，与之抗战，累战累胜，已近半月。日奴连日猛攻，终被败退，死伤无数。而十九路军之奋勇……（枕）戈待命，使命一到，东下抗日。倘马革裹尸，代递家音。万一幸生，再为续谈。

专此拜托，另祝文安！

李启瑞书。

在兰各同人不另。

从这份不完整的家书中，读到的是一个爱国抗日热血军人的忠诚和担当。遗憾的是，他没有倒在抗日前线阵地上。他的两位师长吉鸿昌、彭振山都被杀，一个团副是很难改变命运的。

据李启瑞侄孙李振洲讲述，李启瑞在吉鸿昌部下从军的日子里，曾经给他的父亲写过一封家书，大致的内容是：将家里的田地，远处的卖掉，只留近处的自己种，把自己家的放贷，能收回来就收回来，收不回来就算了，家里够用就是了。结果被他父亲指责他的母亲说，你生的这败家子儿！最终没有按照他的意思办。

李启瑞在吉鸿昌将军麾下时，本村人牟占林曾经作为他的警卫员，并有照顾提携。

第五节　李永固

李永固（？—1975），甘肃西和上寨人，“四老爷”李镕镜之子，在堂兄弟中排行老七，自幼接受其父的教育，熟读四书五经，精通周易堪舆之学，喜欢抄经书，擅长讲解神签，小楷书法写得非常好，最小楷书一行的宽度恰好跟普通焚香一样宽。

其父李镕镜为举人李煓的胞弟，据李镕镜侄孙李尚林讲述，李镕镜在读书时曾受到老师戒尺的惩戒，他当即夺过戒尺，折断后退学回家，白天阅读，晚上自学，基本上是一灯盏的油烧干后才休息，最终苦读成才。李永固很有天赋，将父亲的学问尽习于心。

中华人民共和国成立初期，在种庄稼时，他已经带头用“单双行”套种玉米，以增加产量。

1941年前后，西和新到的县长王汉杰办教育很严谨，政策非常严格。为修建双龙保国民学校（西峪中学前身），乡镇上要求每家每户交墼子。而李永固是个文人，交不出来，并为此事争辩，以致胳膊被人打伤。不得已之下，与同族人结伴远走宁夏。

因为没有去宁夏的盘缠，李永固一路通过给人算命、看风水来换取路费，经过两三个月的跋涉，才走到宁夏。据其侄孙李光祖讲述，经在马鸿逵处任职的西和县十里铺人乔参议推荐，李永固在宁夏省主席马鸿逵家里当了家庭教师（另一说是参议），1947年前后离职返乡，一直在稍峪乡金子山学校当教师。

李永固的文化程度非常高，中华人民共和国成立后编的《新华字典》上面的字没有他不认识的，所以人们给他送了“新华字典”的绰号，同时，他对毛泽东诗词、家神的故事传说都有深入了解，并经常给村里人讲解。

第七章

中华人民共和国成立前后的生活

第一节 旧社会的生活

根据李耀唐父亲李永贤先生讲述，中华人民共和国成立前，上寨的人口不到1000人，由于税收的缘故，连大一点的牲口都按照人口来计算收费。

在中华人民共和国成立前，国民党政权在农村的基层已经让当地老百姓难以承担，主要原因如下：

首先，土匪横行，老百姓严重缺乏安全感。土匪问题让不论富人还是穷人都没有安全感。因此，在这居家过日子的人，家家养狗，特别是住在上、下城外面的人家还需要时常提防被打劫。在上寨附近，有以西山为隐蔽点的“扇子会”、以茨湾里后山为隐蔽点的“英雄会”这两大土匪组织。再往北，在今天小杜家后面的庄庙山上，则是当时通向天水的唯一一条路，加之路两边山高坡陡，土匪杀人越货的事时有发生。

由于上寨的商户比较多，土匪甚至直接来抢。比如上寨的商户李启清就被土匪绑架，先进行拷打，如果他不肯说家中藏匿细软的地方，土匪就拿烧红后的铁锨在他身上烙烫。据说，遭此拷问的李启清还是不愿透露家中情况。除了土匪绑架，另一种就是官绑，上寨三商户的后人李瑾荣，被驻守在西和的甘军鲁大昌部第一旅旅长梁应奎抓去。他双手被捆绑，绑在马尾巴上，从上寨一路拖到县城，以此杀鸡儆猴，并要求交纳几千大洋赎金。为了赎人，上寨三商户家变卖了现在上寨在川里的地，才将人赎回。

其次，苛捐杂税摊派严重。在县级财政不足的情况下，给上寨商户家（有钱人）的摊派还不算非常严重。据说，多的时候一个月要上千大洋，当地人并不能躲避这样的摊派，只有榨干土地，最后变卖土地，上寨的大商户（李登庸家族）、二商户、三商户家基本上就是在这样的大环境下败落了。

再次，军队抢劫。由于上寨位于茶马古道上，有跑运输的脚户老板，上寨大脚户和二脚户的牲口在礼县到西和一带被号称“活剥皮”的队伍抢走。他们请人说情，协调的结果也是只能去赎买，这就是赤裸裸的抢劫。

最后，抓壮丁。由于所要求的农业缴费，当地老百姓在层层盘剥之下已经所剩无几，而农村农业生产的主要收入来源于普通劳动力日常的田间劳动，用以维持基本生活。当兵保家卫国自古有之，而到解放战争期间，随着战局的变化，在国民党统治区，更多壮丁被抓走，因此冲击了凝聚力。一些主要劳动力被抓去当兵，这样一来，农村劳动力减少了，生产遭到破坏，也伤害了民心。

第二节　解放军带来的新气象

西和县的解放总体上比中华人民共和国成立晚一点，主要是由于有以国民党县长张孝友为首的残余军队在以仇池山为据点进行反抗。

与国民党政权在农村的横行霸道相比，中国共产党领导的人民解放军，对当地人的态度就大不一样。中华人民共和国成立前，准备解放西和的部队驻守在今天石堡乡镇的石堡街上（石堡到县城的10公里为缓冲区）。据王祥气先生回忆，当时军队在石堡街上的时候，纪律相当严明，宣传新政权深得人心。比如，人人有田种，生意人可以向国家借钱做生意等。与国民党抓壮丁的恶行比较起来，乡民已经看到希望。这不是普通的宣传能做到的，而是老百姓的真实体会。

部队要准备打仗，训练是必要的，为了不扰民，每天要开拔到比较远的地方去训练，部队的住宿在下街，租住的民房、做饭的锅灶在房子外面。军队上做的饭一般偏多，为了不浪费，常常叫街上的小孩拿自己家的碗去吃今天的揪片面（山西晋中的一种传统风味面食）一样的饭。既不浪费，也颇得人心。

当时在石堡街上有个做豆腐的老汉，姓蒲。蒲老汉没有好的衣裳，穿得比较破烂。在街上驻军的人民解放军团长看到后，顿生怜悯之心，毅然将自己身上的衣服脱下来给老汉穿上。由于当时还有称呼他们为“八路军”的，蒲老汉穿了人民解放军的衣裳后，别人就称呼老汉为“蒲八爷”。由此可见，国民党政权与人民解放军新政权哪个更好，从军队和领导力量上一对比，老百姓就心中有数，正所谓得民心者得天下，就是这样的写照。

综合以上两点，就地方而言，老百姓对国民党政权已经无法忍受也没有精力忍受，当他们看到人民解放军带来的一线希望时，积极地投向新希望是很正常的。

当时，西和的土匪猖獗，这是影响生活生命最大的隐患问题，从晚清到民国整个旧社会都没有解决。人民痛恨但只能忍受，苦不堪言。但是，中国共产党领导的新政权在短短几年时间内就使土匪问题得到了大部分解决，所以无论富人还是穷人，他们都完全拥护中国共产党，而且是由衷拥护的。

据李耀林先生回忆，中华人民共和国成立前期，人民解放军要南下进军四川，当时国民党反动派散布“共产党把年轻人拉去当兵”“老汉娃娃都要杀掉”等谣言。而实际上，在人民解放军南下经过上寨的时候，为了不扰民，他们是选择凌晨出发，并且没有走上、下大路这商业道路，而是走现在的祁西公路，这在当时是一条偏僻的路，也就是在荒地上走过的。

上寨的人民很热情，自发地给过路的人民解放军送茶水，而人民解放军也给送茶水的每个人都支付5000元法币（相当于人民币5角钱）的茶钱，这样的感恩做法，使得国民党政府对人民解放军的负面宣传不攻自破。

为了迎接人民解放军，当地老百姓在上、下大路上写了许多标语，其中就包括“不拿群众一针一线”等。人民解放军过后，国民党政府的反宣传，却是在标语后面直接加上“专抢百姓大米白面”的标语。

在人民解放军路过后，国民党政府的反宣传中仍然污蔑共产党杀人、抢人等。其中，有一个小青年问国民党的宣传人员：“把老人杀了可以理解为浪费粮食要杀，把娃娃（小孩）都杀了，他们以后让谁去当兵？”这可让当时的宣传人员无法回答。但是该青年的家人、亲友则提醒他，国民党有特务人员盯着，甚至有搞暗杀的呢，他要设法躲一躲。这都是当时的真实情况。

第三节 西和解放、剿匪运动、抗美援朝、镇压反革命运动

1949年8月17日，国民党宝泉乡乡长牟占林（上寨子人）率自卫队29人在石堡乡的苏家团庄起义。

1949年10月1日，当时的西和县委、武装部等机关，在石堡乡庆祝中华人民共和国成立。

1949年12月8日，国民党政府县长张孝友在十里铺率部起义。西和全境解放。

中华人民共和国成立后的前几年时间里，首先是带给人尊严的抗美援朝战争，这是中国近代以来值得骄傲的事情之一。在一个百废待兴的贫穷落后大国，同世界上力量最大、实力最强的国家，在朝鲜半岛进行了一场较量，因而赢得了中华人民共和国成立后半个多世纪以来的和平局面，抗美援朝战争的胜利可谓功不可没。当时，人民是有钱的捐钱，而农村人民就给志愿军纳鞋底、做鞋子。

中华人民共和国成立初期，镇压反革命运动给农村带来很大的影响，特别是镇压反革命运动对土匪的打击相当严重。对这一政策的延续，则有“三反”“五反”运动，清理阶级队伍，对当时的土匪进行斩草除根式的打击。在如今的上大路，还设有专门的地方，有专门的人宣传镇压反革命运动，可见这对当时解除人们对土匪的恐惧有非常大的作用。这其中包括成立戒烟所、对吸鸦片的人进行救治，这些做法都让人民看到了希望。

捌

第八章 20世纪50—80年代的农村生活

第一节 20世纪五六十年代的农村生活

第二节 20世纪70年代的农村生活

第三节 『破四旧』

第四节 土地承包责任制的落实

第一节　20世纪五六十年代的农村生活

1958年8月23日，撤销西和县、礼县，设西礼县，驻地在礼县县城。同年9月23日，开始建立人民公社，逐步按照“一大二公”的特点，社员吃饭进食堂，实行供给制生活。

1958年11月，开始大炼钢铁，前期已经将生产队的人员抽去进山探宝找钢铁，后面又开始炼钢铁，生产队社员的劳动没有得到应有的发挥，而是用在了无用的钢铁工业生产上，这使当时的生产效率受到很大的影响。

由于前一年大炼钢铁（这其中有修水库、挖河道等），使得农业荒废，到1959年4月，全县已经出现春荒的势头，农民开始向陕西等地逃荒。前期抽调干部劝住农民进入公社化，开始集体生活，生活上吃大食堂，但很快将食堂吃垮，前一年的耽误使得今年粮食不够吃，社员在播种的时候就已经开始偷吃种子，比如洋芋籽、玉米籽，这样顶饥饿的结果是来年就不长庄稼。

生产队的干部发现，通过对种子搅拌农药、拌牲畜粪便等手段可以阻止社员偷吃种子。但经不住饥饿的人们，把偷藏下来的种子洗一下，或者偷偷地煮一下就吃了。有的甚至没有洗，在衣服上擦一下就偷着吃。

饥饿已经开始蔓延，劳动力不足，春耕仍然要继续，西礼县中专学校的学生也被调到地方种地（社员偷吃种子实在太多，调学生种地，学生单纯一点）。

农村的社员，出现了偷粮食、偷菜种的情况。尽管偷粮食有可能被打，但是不偷基本上活不下去，会饿死。故此偷粮食的现象还是很难禁止住。

这是一代人都不愿意提及的年份，因为对饥饿的恐惧和对死亡威胁的恐惧，活着的人回忆起来依然觉得心有余悸。

由于前期失误，农村的饥饿爆发出来了，饥饿影响着每个人的生活。村民每人每天只有2两玉米面，靠这一丁点儿实在难以维持生命。稍微有点力气的就逃荒到陕西去，因为陕西一年有两季庄稼。

农村有接纸的习俗，即接亡灵过年。1961年过年时，在上城里城门口接纸，跪在上城门前的人多得路都走不开，这是最为痛苦的记忆。

这时，还有极个别被狼吃掉的人。狼在整个生物链的顶端，当时在既没有植被、草料也没有其他动物供狼猎食的情况下，狼饿极了就直接向人袭击。

在饥饿的年代，连亲戚都不敢互相来往，或者极少来往。仓廪足而知礼节，饥饿的年代是没有礼节可言的。

但也有极个别现象，稍峪乡的杜家河村在1960年则极少有饿死的人，大部分说法是没有饿死的人，也有个别说法是饿死的人不超过3个。无论哪种说法，都说明了一个客观事实，杜家河村粮食基本上够吃，或者能保维持生命的最低需求量。而杜家河村能出现这样的奇迹，与当时杜家河村书记杜孝权实施灵活的应对政策有很大关系。一方面，在上报粮食数量的时候，将杜家河的粮食产量报得低，这样交上去的比例就少。另一方面，对芜闲地的开荒增加了农产品的收入。在这种情况下，粮食就基本上保住了村民的生命，并有一定的余量（关系好的照顾一下亲戚）。

在三年严重困难时期，杜家河村基本上没有饿死人，这可算是一个奇迹。农民手里有一定的余粮，这样，方圆20里要活命的人家把家里的老式家具等值钱物件同杜家河村的人换粮食，好家具也就流向了杜家河村。

1962年1月—2月，国家及时调整政策，重农并执行中央下水救人的紧急措施，分配粮食。西和县从外地用老牌的苏联的嘎斯车，整车整车地调运粮食。到

1962年年底，饥荒情况基本好转。

第二节　20世纪70年代的农村生活

一、集体生产的工分制度

人民公社化后，上寨划分成8个生产队。每个队里的劳动成员按照劳动的工种和劳动量折算成工作分数来统一计量，即工分制度。比如修梯田的工分，集体劳动开始时，生产队长到家家户户去喊人上工，上工时监督劳动，散工时宣布收工等等。劳动效率一般不高。

二、集体粮食收入的用途

20世纪70年代，农民的收入以收获的农产品为主，集体的粮食主要有以下几个用途：

（1）公粮，即是农业税性质的。

（2）社员的口粮，给各家各户生活用的。

（3）储备粮，准备应对饥荒的。

（4）公积金粮，生产队的积累。

（5）公益金粮，应对公共开支的，比如驻队的干部吃饭，用公益金粮食支出。每餐饭的标准是小麦面0.5公斤，干部吃饭后支付的饭钱是人民币0.2元，甘肃省地方粮票半斤。钱和粮票归生产队所有。

（6）购买粮，以国家名义收购的粮食，卖的钱归生产队所有。

（7）饲料粮，给生产队的脚力牲口留出的粗粮。

另有集体额外的收入。一是生产队饲养的牲口及其下的崽，养大后在盐官骡马集市上卖掉，收入可以归大队。每个生产队的情况不同，每年的收入也不一样。另外，还有副业队和经理部的收入。

三、分配制度

到了每年年底，粮食和其他农产品主要有三种分配方式：

人六劳四，就是人口数量占比六成、劳动力数量占比四成的分配方式。

人七劳三，就是人口数量占比七成、劳动力数量占比三成的分配方式。

人八劳二，就是人口数量占比八成、劳动力数量占比二成的分配方式。

整个分配方式以平均主义为主要指导原则。

在生活中，做到了尽可能平均，特别是“人人均等”，但是这同时也挫伤人民的劳动积极性。社员尤其是能干的社员，对此是很不满的。特别是“人八劳二”的分配方式，劳动力比重才占两成，这很不利于调动人民的生产积极性。但是整体上在生产力较为低下的阶段，尤其是没有其他生产经营方式来进行差异化生产从而体现劳动价值的时候，这种分配方式则维护着大多数人的利益，最大程度地体现了“人均”的理想化分配方式。

在人民公社化条件下的生产队，也会因为各个队的情况不一，出现年底分配不一的情况，这往往是一个生产队的队长决定的。

第三节　“破四旧”

所谓四旧，是指“旧思想、旧文化、旧风俗、旧习惯”，“破四旧”则是为了标新，这是从1966年开始的，而在农村，看见老旧的东西就归类为“四旧”。有些古老的房屋因此被拆掉；家神庙的神像也差点被砸，据说有人紧急塑了泥像，应付打砸的场面，才把真的塑像藏到20世纪80年代。上寨有个祖师庙是在民国年间建修的，原来是泥塑的立体塑像，主要是三清、牛马王爷等神，但在“文革”中全部被砸掉。80年代后期，由李耀唐绘画补齐了平面的挂像。举人李煓家的门牌坊俗称门楼子，也被拆掉；幸好有些人依然在“破四旧”的打压下保存了一部分，使得我们今天能够看到真实的历史。

第四节　土地承包责任制的落实

1978年，中国共产党召开了第十一届三中全会，做出了把党的工作重心转到经济建设上来的决策。反映到农村，最大的影响莫过于家庭联产承包责任制的实行。

1979年开始，上寨的生产队开始落实家庭联产承包责任制。通俗地说，就是将地划到户。每个村会因为情况的不同而略有出入，但是农户基本上得到了土地。生产队原有的生产工具和牲口，都分到具体的人家。从此，集体上工、集体收工、工分制折算劳动力和分配生活资料的时代结束了。

土地按照一定的人口比例承包后，社会生产就不再以集体生产为主体，而是以各个家庭单位为主体进行独立生产。农民的生产积极性被释放出来后，就不需要队长天天到家家户户喊人上工了，天还没有亮，他们就各自到自己家的田地里干活去了。这就是结构调整给农民在农业生产方面带来的变化。

随着土地划到户，农民的生产积极性被激发出来，物质生活慢慢好转。1987年开始，上寨人家开始有了彩色电视机，开始播放《红楼梦》《西游记》，全村人都来围观。如此，生活有了比较和你追我赶，上寨便在1990年前后出现了第一个万元户，他是个建筑行业的老板，又让更多人投入这个行业中。在西和县的发展过程中，铅锌矿和金矿等新型行业，把人们的生活水平推上了一个更高的台阶。

进入21世纪后，网络通信更加发达，交通更加便利。这让人们的生活越来越快捷方便，特别是农村的生活水平也提高了。

附录：《游兴隆山记》

游兴隆山记

佚名

余闻金城东南间百余里，金县南十五里许，

有一名胜之地，即兴隆山也。势如飞龙，形如卧虎。中有大溪一道，逝而不息，源自马寒山而来。又有茂林修竹，岩石杂草，荫浓蔽天，色气凛冽。虽入伏之天，亦有三秋之象。生居家时常缅兹山之佳，惧路途遥远，不能遽遂其志。今年来甘，投身中学。肄业已满半载，未能偷闲一往。兹值暑假休业，理宜升高远望。乃谒同学以行游云。

民国六年六月朔四放暑假，至月曜日（星期一），生与任君、卢君、闫君同游于兴隆山。早五点钟起，时天黑气暗，如雨之将至。行数里许，仰而四望，天气渐开，日光闪闪。少焉，耳闻号鼓之声，寘然如鸣雷。马蹄入足之猛（右旁注：音），震动山河。即至目前，军人操（右旁注：行）伍之地也。经山过沟，至猪嗜。日已午时，屈曲直，向东行数十里，至连大沟。南有捷径，不多时到峡口。

见山岩岩松柏参天，水光如布而下。生顺水而上，至兴隆山根，有庙三间。有碑云“争秀山”，一名“兴隆山”，与楼云山东西峙对。此山为兰州所属之地，中间有石峡，屈曲十余里，水长流不息。其源出于马寒山，东至鹁鸪岭，西至分水岭。大小沟、合流争秀，山根出峡口，蜿蜒而下。过云龙桥有对联云：

云比北山多，年年霖雨苍生，岂独供先人怡悦；

寿如沧海卧，面面林峦翠霭，都觉有灵气往来。

（右旁备注：陈昌题。陈昌，清代知县，光绪二十六年，即1900年新修的玉龙桥。现代记录看到的是桥头篆刻着一副醒目的对联："云比泰山多，霖雨苍生仙人悦；龙入沧海外，扑峦翠霭灵气来。"）

下桥道路四通八达，有市场之气象，适商人往来如职（织）。游会朝山之甚多。生过至尊神殿，上有神像。廊屋各五间，檐前有一道士。生问曰："此处有闲房居一夜乎？"

道士答曰："今日朝山游览之人具多，每一间房，或七八人，或八九人，虽林（休）下之地，人住亦满。""而生将何以住乎。"道士上香拜佛，默而不答。又有一杖者出，天黑已半，生遏不行，所宿之地。生对曰："下至数（旁注：店）里许，上行庙又远，不知路途险隘。羝羊触藩，进退两难，无有休息之所。"杖者语曰："以我观之，不如宿于海市蜃楼，待明日而行（疑为"寻"）店。生从之，至自演剧人未来，上楼有草铺乃卧焉。"

火耀日（星期二），由海市蜃楼而行至馆，早膳以毕。向东山行，数武有楼名曰"关帝楼"。上写“兴隆山”三字，对联云：

客至空林聊芳草，门通幽径归白云。

楼下有玉泉液，又有对联：

石冷一溪水，涛声万象松。

行数步，有菩萨殿，东有太白宫与三圣殿，中间有药王庙，后有娘娘庙。转湾（弯）向南行至脊岭上有寺院，一名“三宫殿”。经娘娘庙至主（祖）师殿，直上玉皇殿。有以（一）道士问曰：“先生游乐乎？”生对曰：“其乐爽体，怡悦而不忍去，但无好宿之地。”

（道士）道此处闲房甚多，命道童扫地，（备）被褥。其道士先祖居于西和，六十有村。至道士父迁于此，以同乡待之，情意恳切。或食或饮，随时骤至。后有玉皇殿，为最高之处，右下有三教洞，向东南有太白泉，上有小楼，功未成就。水从楼下石龙口而出至檐前流。地势险隘不能前进，转而向西至二仙台。为秦李二公庙，往下一览，见松柏茂盛，水自南流而下。势如虹。东有凸出小邱者，功亦未成，不知是何处。问一老道，曰：“此太白宫也。”日之久矣！生自原路归回玉皇阁。

水曜日（星期三），下争秀山，至尊神殿与

海市蜃楼之间。上楼云山，有凤凰台。又有庙三院，中为东岳宫，北为圣母宫，南为财神殿。经牌坊南下，折而西上。路旁有仙坟道骨，再上。在东岳台之背，有小楼名曰“菩萨楼”。正殿三间，房屋甚小。向南行几步，过迎善桥，至二公祠堂，有碑记。李恩二公，赠职金县，勤政爱民。时年大旱，李公步行马衔山求雨，忽然时雨骤至，不能前进。时已晚矣！为沟水所淹。恩公不忍金民。咸丰年间，金民见二公有功于民，建正殿修像奉祠，记（纪）念之意。祠之右涧数武，至朝元观，背悟元子祠堂，有正殿，有神像。左墙有道家十戒规则，右墙有悟元子碑记。元子，山西人，年十八。因病出门，游于四方。访秦李二公暮（墓）祠，至甘肃，闻兴隆山在省东南百里许，即秦李二公修成之地也。至兴隆山，有崇山峻岭，茂林修竹；又有清流激湍，映带左右。虽在世俗，其地之尽境，如在仙堂一般，乾隆年间隐此山。记祠之右岭，其势如龙，上有高楼，一名“菩萨楼”。与主（祖）师数楼南北对峙。直上有牌坊，额写“上天梯”三字，悟元子书。路途危险，势如鱼脊。前数武，月风岭，由此蜿蜒而上，黑虎财神殿，折而向南。东为三教洞与二仙洞，即生在兴隆山所见秦李二公也。

悟元子书修庙阁工费与僧费用碑记。西有小亭，额写“洒酒台”三字，有对联云“闲来乍觉精神爽，久坐方知富贵轻”，悟元子题。檐下有数十丈绝壁，转而向东，折南中岭而行。灵官殿向背行，有小房名曰“七星庙”。错出于西隅者，王母宫。于东涧者，白云窝，中为寿星庵。直上数武，七星台有二路。一路向西而下，至马灵官。一路向东，迴环而行（至）斗媛宫。二路之间再上混元阁，后有通天柱，为六角形体积，上刻小字。又有二人跪下檐前诵经。生望下一览，有数十仞峡崖，此楼（乃）楼云山之顶也！

木曜日（星期四），由尊神殿背顺大溪上转数湾，过桥向南数十步，有一邱陆，松柏林林，千崖竞秀，万壑生烟。峰上有寺院，功未成完，即二仙台。生问道士，太白宫也！折而向北顺水而下，至东岳台与明元殿中，间亦有溪。生顺溪直上，经尉禅师之墓，前有二塔。前有朝天观，有楼五间，正殿三间，上有神像。庑房各三间，亦有居住者。院有花盆栽两行，其地之清静，亦一可观。

金耀日（星期五），在玉皇殿之北，蜿蜒而上，至兴龙岭东湾而下，转至正北有坟园，上有房两座，有碑刻数座。碑云：

楼云一者老道，秉性多高傲，幼时不贪图，中年更衣帽。南北都游穿，东西俱走到。幸遇龛谷怜，得逢仙雷导。止知辛苦功，不谓烧丹露，日里打尘劳，夜间搜易奥。闲处练精神，忙处磨刚躁。经历七十老，扫去千古好。虽未了真宗，聊可托叶报。谁个是知音，俗口任聒噪，心付指南针，意托参悟诰。入此空灵窝，皮囊还大造。墓志，嘉庆十一年三月，中浣春日，悟元子自说。又有碑记：夙世一星土，今生刵作金。不贪虚富贵，常爱好山林。日种仙留竹，花弹龛谷琴。银川磨气性，云岭煆产心，往略羲文艺，辩难著老箴。阐真藏口详，原旨结丹音。七十年非老，百千苦已深。浑身都放下，造化怎么寻。时年七十有三，因谢氏兄弟遂父遗命，力举修茔之事。故略述生平行为，以写情云。返而归于玉皇殿，日上三竿，晚膳以毕，天时已黑，及复寝焉。

土耀日，早起欲归回，而门以（已）开。雾气霏霏，时雨将至，草木音音。莫多时，天雨大作，知不能回。乃几日，所记之碑文庙阁，缺者补之，失者序之。皆有次第……

有残缺，详见下图的手稿局部。

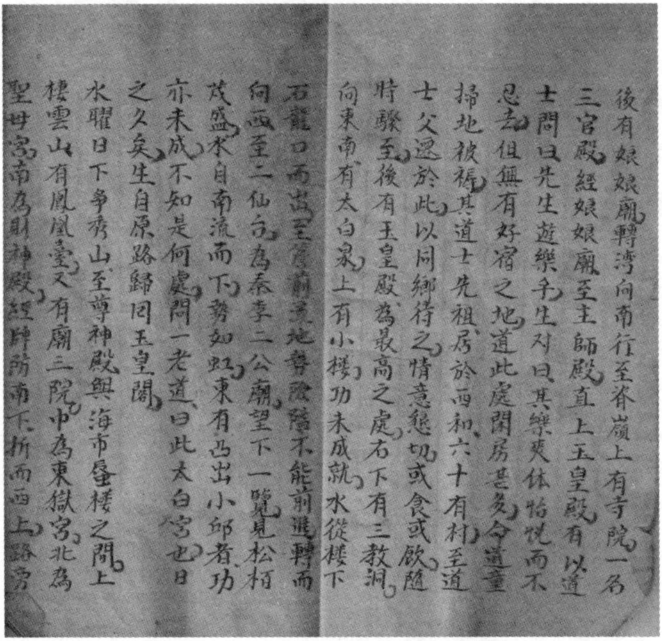
後有娘娘廟轉湾向南行至脊嶺上有寺院一名三官殿經娘娘廟至主師殿直上玉皇殿有以道士問曰先生遊樂乎生对曰其樂更休怡悦而不忍去但無有好宿之地道此處閑房甚多令道童掃地被褥其道士先祖居於西和六十有村至道士父遷於此以同鄉待之情意懇切或食或歇隨時驂至後有玉皇殿為最高之處右下有三教洞向東南有太白泉上有小樓功未成就水從樓下石龍口而出至寶剎前地勢險隘不能前進轉而向西至二仙台為泰李二公廟望下一覽見松柏茂盛水自南流而下勢如虹東有凸出小卯者功亦未成不知是何處問一老道曰此太白宮也日之久矣生自原路歸回玉皇閣

水曜日下争秀山至尊神殿與海市蜃樓之間上棲雲山有鳳凰臺又有廟三院中為東獄宮北為聖母宮南為財神殿經財神南下折而西上路旁

《游兴隆山记》手稿局部

玖

第九章 时令节日民俗

第一节　正月节令

一、正月初一

新春伊始，鸣炮，祭祖。

正月初一这天，先到家神庙祭拜，后到祖师庙祭拜。祭拜先祖，敬献祭礼，有糖果、馓子等。

到了早上9点钟左右开始给村里的亲房、邻居拜年。一般是晚辈给长辈行磕头礼。长辈或发糖果、瓜子，或发压岁钱（毽子钱），或给支烟等答谢。

新年有新纸的人家拜年，俗称“点纸”，拜年时要带冥币、纸钱祭拜，行磕头礼。一般孝子会陪同向先人行磕头礼（前一年有去世的人的人家，只要三年没有过就依然是守孝的人家）。

亲戚的拜年时间，老辈人是从大年初二开始，现在是大年初一开始。因为亲戚关系大多是通过婚嫁而建立起来的，拜年的顺序是夫婿家向岳父家拜年；其他如收义子、义女的，是子女向义父母拜年；师生关系的，是学生向老师拜年；上下级关系的，往往是下级向上级拜年。

拜年整体上仍然遵循尊老、尊长的原则。近年来，随着交通的便利，同学、朋友之间不存在谁一定先到谁家拜年的说法了。

二、正月初五

正月初五，破五，送“五穷”。

五穷，中国典故名，典出《全唐文》卷五百五十七《韩愈十一·送穷文》。“五穷”也叫“五鬼”，指“智穷、学穷、文穷、命穷、交穷”五种穷鬼。

正月初五这一天凌晨，要在家中的犄角旮旯、席垫底下扫除垃圾灰尘，且每个地方扫五下，用簸箕倒出门外，一般是村边，意思是把脏东西、穷东西赶走并祈愿好运来。

三、正月十五

正月十五，元宵节，也称上元节，是中国古代情人节。从正月初一到正月十五，是传统意义上的过年，正月初一接先人，正月十五过后，正月十六送先人。至此，过年结束。

中华人民共和国成立前，元宵节时要给家里的小孩用荞面捏一个小动物，这个动物是十二生肖中的一个，小孩子属什么，就捏什么生肖。然后，上面留一个小窝。蒸熟后在这个小窝上点上清油，放一个捻子，点着祈福。灯芯熄灭后，把这个小动物吃掉，有祈福的意思。所以中华人民共和国成立前，夸小孩子机灵、聪明，一般会说“眼睛像灯盏一样”。

如果耍社火，一般会到绾庄祈福，家家户户出一个花灯，沿着自己村庄的大致边界绕行一周，祈福驱灾难。在城镇人口集中的地方，有猜灯谜、元宵晚会等活动。

四、春倌民俗

在春节的民俗里，西和的春倌民俗在全国范围内算是比较独特的，这与西和坛途关的春倌“说春”民俗息息相关。

什么是春倌？春，指的是春天的节令；“倌”，是会意字兼形声字，由“人”和“官”两部分组成，表示杂役人员，“官”兼表声，“倌”的本义是地位低下的臣仆。后来如放羊的称“羊倌”，跑堂的称“堂倌”，都是指底层的劳动者。因此，通俗地说，春倌就是“说春”的人，而“说春”的起源很古老。

中国是拥有悠久历史的农业国家，每年的农业生产是人们最重要的活动，由此可见，国家对农业的重视程度是非常高的。所以，从经济发展的角度来讲，发展好农业就是根本，而劝课农桑是历代政权机构的重要考核项目之一。

劝课农桑不是贴一张通告就能完成的，它受到文化传播、节令把握等条件的限制，因此，由专门人员来宣导农耕时令，以最大限度地保证不误农时，是传统农业社会中的重要事情。春倌，就是担当这一任务的基层人员。但是，为什么会有春倌的出现，春倌出现在什么样的地域，西和的春倌又有什么特色，春倌“说春”在现代社会为什么会衰落呢？接下来，我们试图去探寻这个古老民俗的真面目。

春倌是怎么来的呢？

在现在所能查阅的资料中，有指出春倌起源于商代的，在商代武丁时期有迎四方的习俗；有说其起源于战国王室的，以实行对农业生产时令的掌握。这些都只说时代性和风俗，并没有说明春倌产生的必要性。从原始社会的狩猎生活到农耕文明，最大的进步是利用自然条件进行农业产品的培养和耕作，以取得最大的生活资料（包括驯化牲畜）。而在农耕文明中，对自然条件的认识和自然规律的把握，是人们对生产生活前瞻性规划的重要标志。因为对自然规律把握得越深入和准确，就能在农耕生产生活中得到越大的回报。从这个角度上来讲，认识自然、把握自然规律是人们生产生活竞技的另一个场所。

自从有民族和国家以来，由于生活选择的原因，每个民族和国家的山川、河流、地形、气候等都不一样。可是，大家有一个共同的自然环境，就是星空。每个民族和国家共同仰望一个苍穹，谁对星空的认识越深入，并对星空反馈到生产生活的规律把握得越透彻，谁就拥有更多的生产生活回报。这便产生了天文，通过认识天文，结合地理，尽可能最大化对农业生产生活规律的认识。这样，一个民族、一个国家就站在了领先的位置。

在中华文明的发展过程中，有了对农业生产规律的把握，有了天文知识的积累，有了对农业生产规律的掌握，就能综合天文、地理知识，总结归纳出“二十四节气”这样的农业知识。但是，这知识并不是一开始就普告天下的，而是曾经被垄断的。

我们都知道三皇五帝后，“禹传子，家天下”。可是，为什么能“家天下”，形成地方诸侯向王朝的朝贡体系呢？地方向最高王朝年年朝贡，难道他们之间就没有交换吗？

大禹治水，是对远古神话的概括，但是这里面有大禹对地形、水文以及天文知识的总结，实际上形成了对农业文化的一种垄断。垄断这个文化，有个名字，就叫“夏历”，即夏朝的历法；因为与农业生产生活紧密相关，又叫“农历”。

而诸侯朝贡后的交换品，就是来年的“历法”，是安排农业生产生活的参考标准。地方诸侯拿到这个“历法”后，想及时在自己的诸侯国内宣传和普及，便要安排人员进行宣导，劝课农桑。去进行宣导的这些人，就是“春倌”；而宣导的过程就是“说春”，这就是“春倌说春”的起源。

统一六国后，诸侯国变郡县，封地国王变官吏。但农业的基础重要性没有改变，“说春”的民俗依然有其存在的必要性。从唐代开始，历法要经过皇帝亲自审定再颁行天下，以示重视，并显示出其权威，故历法开始叫“皇历”。但是，唐代的文化传播和信息传递仍然受到两个重要因素的制约：一个是底层农民的文化程度，即接受能力的问题；另一个重要因素是纸张，纸张仍然是很贵的奢侈品，而印刷术的出现和普及则是宋代以后的事情了。在这样的条件下，通过口头“说春”的形式来宣导时令、劝课农桑，就有了必然的存在理由，这也是春倌在农耕文化条件下长期存在的主要原因。

五、西和县坦途关的春倌

早期，春倌分布的区域非常广泛，但随着时代的变迁，春倌的活动区域由平原地带逐步向丘陵山区退缩。目前仍在活动的地区主要有陕西省汉中市的南郑、勉县、西乡、城固等县，其中南郑县的春倌传承较为完整。陕西安康地区和四川川北、甘肃陇东陇南部分地区有春倌流传，其中甘肃陇南市礼县春倌和西和县春倌，礼县春倌主要流传于以礼县龙林、大潭川坝河谷为中心的地带，广泛分布于礼县下四区等。西和县的春倌“说春”习俗在全县范围内都有，而传承地域主要是西和县石峡镇坦途关的春倌。春倌经过几千年的发展和变化，到现在已经基本上没落。在仍然保存着“说春”民俗的这些地方，长期的独立存在已形成独具地域特色的春倌文化现象。

西和县坦途关的春倌，较为完整地保留着春倌“说春”的整个仪式，从时间上讲，从每年的冬至以后至立春节气之前，春倌们开始准备外出“说春”。

从流程上讲，春倌里面有春倌头，负责组织当年的“说春”事宜。在春倌出行“说春”之前，先由春倌头在家里摆设香案，供奉一头木雕的春牛，为春牛举行祭拜礼，并召集春倌商量“说春”的事宜。此仪式结束后，春倌头拿出另外一只身缠五丝彩线的木雕春牛，连同老皇历（二十四节气表）交给外出“说春”的领头春倌，再由领头春倌安排“说春”的路线。立春前，各路春倌都必须回归本春，向春倌头汇报“说春”的情况，并向春倌头交上规定份额的钱物。春倌头是每年有人轮流来做，轮流到的人家要供奉木雕的春牛，印刷二十四节气表的木雕刻本也就轮流到谁家，谁家负责印刷二十四节气表。（份子钱其实是对印刷二十四节气表的一种补偿性补助。）

六、春倌“说春”的形式

说唱为主的形式，春倌到人家后，通常先说喜气话，比如说“掌柜子坐的好地方，一股银水往进淌”，“十个儿子九个官，还有一个进状元”，先同主人家打好招呼再开始唱。唱的主要内容是祝福和喜气的话语，传统的二十四节气歌也在其中，根据陇南市“说春”传承人唐东亮，主要述记录的二十四节气歌分录如下[①]：

正月里“立春”天文合，节气相连“雨水”多；世上惟有春富贵，春暖花开柳芽活。

二月里“惊蛰”与“春分”，百虫苏醒太阳

① 彭战获. 陇南春倌［M］. 北京：中国文联出版社，2009.

红；金犁插进软土里，人欢马叫忙春耕。

三月里“清明”“谷雨”近，家家门前秧子青；忙忙耕来忙忙种，日后还望好收成。

四月里“立夏”“小满”天，农户勤耕在田间；庄稼不负勤苦人，月月有活忙不闲。

五月里“芒种”“夏至”长，雄黄药酒过端阳；家家门窗插艾柳，无灾无殃人安康。

六月里“小暑”“大暑”到，骄阳似火将人烤；农夫下田苦辛劳，王孙公子把扇摇。

七月里“立秋”“处暑”凉，口尝新麦味道香；务农虽苦也有乐，七十二行农为上。

八月里“白露”与“秋分”，中秋月圆亮如银；瓜果飘香月饼甜，陪伴无数赏月人。

九月里“寒露”与“霜降”，新粮酿酒满院香；庄稼汉操起三杯酒，给个宰相也懒得当。

十月里“立冬”“小雪”临，上山打柴汗涔涔；天凭日月人凭心，尊老爱幼度寒冬。

十一月“大雪”接“冬至”，谈天说地好吟诗；耕读本是传家宝，莫道农人愚无知。

十二月“小寒”与“大寒”，火盆煨茶香又甜；一年勤苦得心闲，红红火火办大年。

二十四节气齐说完，当个农人不简单；春倌送你“节气表”，时时查照莫偷懒。

十年学个读书人，十年学不会个庄稼通；又读书来又种田，子子孙孙乐无穷。

这是一首比较完整的二十四节气歌的春倌歌，当然这是为了叙述方便和听起来顺口。而实际上节气与这个歌谣的表达是有出入的。比如现行二十四节气歌中叙述的二十四节气是：

春雨惊春清谷天，夏满芒夏暑相连，秋处露秋寒霜降，冬雪雪冬小大寒，每月两节不变更，最多相差一两天，上半年来六廿一，下半年是八廿三。

每个月有两个节气，其中有用“公历”来确定两个节气的。这两个节气中，1月到6月，节气的时间多在当月的6日和21日；7月到12月，节气的时间多在当月的8日和23日。有时候会有一两天的差别。这是现在用公历来作为节气的参考，更为准确。

因为在中国传统历法即“农历”中，还有“闰月”的调整，闰月里，只有一个“节气”，这就不一定是二十四节气歌里唱的那样了。当然这是特殊的情况。

春倌的说唱，除了传统的节气歌谣外，最有活力的形式就是现场编词且即兴演唱，这是春倌功底的体现。比如看到学生看书报，即兴演唱“学生看报，教育局里把你调”，有许多能现场编词的春倌。但是到后来能现场编词的春倌已经比较少了。

春倌“说春”，通常是两个人，也有一个人的。中华人民共和国成立前，春倌“说春”的人数比较多，十个八个都有，甚至更多，主要是去地主、财主家里“说春”，这里面除了有说唱的部分，还有一些简单的表演。毕竟能给得起春倌财物的，一个村子就那么几大户人家，所以春倌的“说春”时间和地点也比较集中。

传统的春倌“说春”，如果有人组织，则一个地方一年只去一次。近几十年来，春倌才到家家户户去“说春”，若是没有统一组织，一到年底或者年初就有一拨又一拨的春倌来。而且春倌也不会唱了，已经变得不是“说春”，而是乞讨了。弄得人家慢慢讨厌，不再受人尊重了。

春倌源起于对农业生产信息（历法）的传播，并受到当时底层人们欢迎，若是不知道农时，就会对农业生产造成威胁。这对农业传统悠久的国家来说，是需要长期宣导的，这也是春倌能几千年来流传下来的根本原因。

随着时代的进步，历法越来越精确，传播也越来越广泛，加上人素质的提高，传统的“春倌”一直在式微，到如今，只在陕西南部、甘肃东南部、四川北部等比较小的范围内流传。现在的印刷水平得以提升，传播手段也更加先进，从生产生活角度讲已经基本上不需要春倌了。加上农业在生产生活，特别是农产品带来的收入比较低，进入农业生产的人也越来越少。当然，这有科学技术和自动化生产对农业推动的作用，但整体上种地的人比较少。“说春”慢慢地变成只能在节日里表演的节目，残留着往日农业时代的气息。

第二节　二月节令

二月初二

民谚曰：“二月二，龙抬头，老鼠蛇蚤都抬头，一把打到灰里头。”

传统的习俗中，有用簸箕装炉灰，倒到各个角落灭虫的习俗。随着气温的升高，各种小虫也会生长，所以先要杀虫，防止疾病的产生。

出于习俗的缘故，加上天气比较冷，正月里没有人理发，而二月二龙抬头这一天，可以图个好兆头，所以是人们集中理发的日子。家长更是图个好兆头，选择在这一天为小孩子剃头。

二月二有吃炒豌豆、炒番麦花（爆米花）的习俗。相传是为了早早吃花，让孩子不出天花，有保佑平安之意。

第三节　三月节令

三月初三

三月初三，给过世的先人烧纸衣服，因为初春，天气变暖之时，俗称“烧单衣”。节令上同清明节前后，故而是祭祖之时。

第四节　四月节令

四月初八

农村没有特别的节日，但相传四月初八是佛祖释迦牟尼的生辰，有信佛之人有到寺庙朝拜。

第五节　五月节令

一、五月初五端午节

端午节，家乡俗称“五月五”，大门上插柳树枝。小孩在手上系红头绳、彩带辟邪，俗称“手袢”。走亲戚送礼是花馍馍。随着生活水平的提高，

20世纪90年代后期，农村人也逐渐吃粽子，增加了南方人的习惯。

二、五月初五雷神会

五月初五是农村比较重视的一个节日，要攒钱吃会，祭拜雷神。

第六节　六月节令

六月初六

六月初六，有吃“麦蝉”的习俗，这是用面粉做的大致像蝉的形状，俗称“麦蝉”。有趁这天太阳好晒陈衣的习俗。把存放在柜子里的衣服拿出来翻晒一下，驱逐虫子。特别是为老年人已经做好的寿衣，因为是提前做好的，放置时间的长短不定，所以要在这天晒一下，见见阳光。

第七节　七月节令

一、七月初七

1. 乞巧节的记录

乞巧节来源于牛郎织女的神话故事，而牛郎织女的故事则与星空中的牵牛星和织女星有关。

《诗经》中云："睆彼牵牛，不以服箱。"又云："跂彼织女，终日七襄。"这是比较古典的关于"牵牛""织女"名字的著见，然而尚没有构成故事的雏形，在汉朝人的记述中，如戴德《夏小正》云："是月织女向东。"《史记·天官书》谓："织女是天帝外孙。"《淮南子》说："七月七日夜，乌鹊填成桥而渡织女。"这些都是只言片语，唯《古诗十九首》中一诗说得比较具体，诗云[①]：

迢迢牵牛星，皎皎河汉女。
纤纤擢素手，札札弄机杼。
终日不成章，泣涕零如雨。
河汉清且浅，相去复几许。
盈盈一水间，脉脉不得语。

东晋葛洪的《西京杂记》和宋代孟元老的《东京梦华录》都对乞巧做了记载，尤其是宋代乞巧节的热闹情况。文字方面的记载比较多，也因为地域的原因而丰富多彩。但是，时至今日，能看到的乞巧节地方文化不多，乞巧节作为节令文化的一种，也是有物候

① 钟敬文. 七夕风俗考略［J］. 中山大学语言历史研究所周刊，1928（11-12）.

和风俗两个方面的原因才得以流传下来。而甘肃省西和县的乞巧节，则有着自己独特的形式。

2. 西和乞巧节的形式

西和乞巧节是全国乞巧节中罕见且有特色的乞巧节，主要有四方面特点：

第一，从乞巧的时间上讲，农历六月三十开始，七月初七结束，时间最长，达七天八夜。

第二，从形式上讲，有一套约定俗成的流程仪式。

第三，从内容上讲，唱词和曲调独具特色，与生活的内容和美好的向往息息相关。

第四，从特色上讲，有西和独特的“跳麻姐姐”的“巫”文化特点。

现分述如下：

第一步　迎巧

在农历六月三十的太阳落山之后，迎巧活动即开始。由于迎巧活动在农村里的十字路口进行，所以主要的祭品一般只有香、红烛、黄表、巧芽（小麦或玉米泡在水中发的芽），然后按照当天黄道吉日喜神的方向燃香烛、黄表，摆上巧芽祭拜迎接。

巧娘娘的神像是纸糊的玉女像，一般在坐巧娘娘人家的桌子上坐着，人们不去河边迎接（如果遇到雨天，只按照当天喜神的方向祭拜，燃香烛、黄表迎接）。

迎接巧娘娘时，有专门接巧娘娘的唱词：

南天门请打开，我把巧娘娘接下凡。

一片砖两片砖，我把巧娘娘接下天。

一片瓦两片瓦，我把巧娘娘接下马。

一根线两根线，我把巧娘娘接进院。

一根绳两根绳，我把巧娘娘接进门。

第二步　坐巧

迎接巧娘娘的人在走的过程中接唱，到坐巧的人家后再正式祭拜，仍然是领头的大女孩祭拜。燃香烛、黄表，摆巧芽，并有鸣鞭炮以示迎接到家。

此时开始敬献祭品，主要有四类祭品：一是油炸的各种面食果子；二是时令水果；三是甜醅（小麦酿造的）；四是甜点之类的点心。

每天轮流祭拜，整体原则是香不断，烛不灭，黄表在早上、中午、下午和晚上焚化即可。

第三步　拜巧

所谓的拜巧，就是将小姑娘们自编自演的舞蹈按照顺序先跳一遍，意思是先给巧娘娘这个神仙看一遍。

同时，从七月初三、初四开始，同村或者不同村的乞巧队伍开始互相“拜年”，也就是你的乞巧小班子给我们这边的巧娘娘演，我的乞巧小班子给你们这边的巧娘娘演一遍，各自表现舞蹈，且主要一直是以舞蹈为主。

因为巧娘娘是神仙，无论在谁家坐了都是神仙，所以通常称“坐了一台”巧娘娘。拜巧的人来了要唱歌迎接，祭拜。跳舞结束后要送，也要唱歌。在七月初六当天，要完成相互的拜巧活动。相互拜巧时也有唱词：

一根绳两根绳，我把亲戚接进门，

一根线两根线，我把亲戚接进院。

第四步　跳麻姐姐

在七月初一到初六这六天时间里，基本上是拜巧时间，晚上可以根据各举办人的需要确定是否“跳麻姐姐”。跳麻姐姐是西和乞巧文化中的一个特点，通俗地讲就是跳神，是早期一种“巫”文化的痕迹[①]。

麻姐姐一定要由年长的人跳，据说跳麻姐姐的人必须是女儿身，这样跳才灵验。另一个关键就是体力要比较好，能坚持下来。跳麻姐姐时，人要经过长时间跳动，企图让麻姐姐上身，并代替麻姐姐回答问题。

① 魏泽民. 试论乞巧民俗活动中的“麻姐姐”角色［J］. 陇南文史研究，2015（3）.

经过不停跳动，如果没有反应或者由于人身体太累坚持不下来，可以中途退场。如果跳到麻姐姐上身以后，如神灵附体一样，可以回答问题，但对现代人来讲，很多会被吓到。跳到麻姐姐的人往往钻桌子下来，手脚不由自主地兴奋跳动。在仪式完成后，会出现晕厥、不省人事的现象，往往要通过掐人中、灌水来喊醒才行，否则可能会出现生命危险。

第五步　迎水卜巧

七月初七是乞巧活动的最后一天，也是乞巧的高潮部分（也有的地方是初六迎水）。当天早上，人们都赶早去打泉水。打泉水之前开始唱歌，一直唱到泉水打上来，然后把水带回家。

迎水的唱词是：

七月初七天没亮，小姑娘穿上了新衣裳，
梳了头，洗了脸，盘盘端上迎水走。
七月里，七月七，我乞巧娘娘将七天
水迎水，迎水神，我把水神迎进门；
七月里，七月七，我乞巧娘娘将七天
迎进门，照花瓣，照不到花瓣还不算，
重打清水照花瓣；
七月里，七月七，我乞巧娘娘将七天
七月里，七月半，七仙女儿减灾难；

七月里，七月七，我乞巧娘娘将七天

…………

迎水到家里去后，将泉水和巧芽一同供奉在巧娘娘像的面前，祭拜，然后准备当天的聚餐，俗称“办会”，这是女孩子们最喜欢的一个活动。

平时参加乞巧节的小姑娘们都是各自在家里吃饭，饭后来跳舞、唱歌；而这一天是集体吃饭，初七早上卜巧的活动结束后，因为当天要送巧娘娘上天，所以通常每人一碗面粉，然后集中在一起做面条。要同时吃饭并且开始活动，一般是做成凉面且提前做好，给巧娘娘祭拜供奉过后，聚餐分享。

太阳落山后，开灯，开始卜巧（古代等月亮上来后开始卜巧的变通）。把巧芽随意掐下来，丢到装泉水的碗里，巧芽在水上面会形成任意不同的搭配，因为光线的作用，巧芽在水面上漂动时，在碗底会形成花的投影。观察巧芽在瓶底形成的图案，观察到什么样的图案，就说明在哪个方面会巧一点。通常会出现交叉的图案，像一把剪刀，说明会做衣服，针线活比较好，这是传统对女工的要求；也有出现像棍子的图案，寓意擀面杖，说明饮食方面会比较好；还有其他的如心形、三角形等等。总之，女孩子像许愿那样看着，祈愿心想事成。

第六步　送巧

卜巧结束后，每个人在卜巧中，得到关于未来的巧处的指示，乞巧的目的就已经达到。

巧娘娘从天上来，又要送回天上去，要送巧娘娘到天河边上，在人间就是在小河边送。西北农村的小河往往就是一条，而村里的巧娘娘和邻村的巧娘娘都集中在一起欢送，虽然是各送各的，但是有很大的反差。这其中主要是女孩子们才艺的展示，送巧时，要抬着巧娘娘的纸像，依着当天黄道吉日喜神的方位临时供奉，然后跳舞娱乐。这时十里八乡的人都来围观参加，哪台巧娘娘欢送的人围得最多，谁就算办得最好。

送巧开始，在抬巧娘娘的像时，同时开始唱送巧娘娘的歌，唱词是：

巧娘娘的影子上了房，你不上房我不忙。（挑起巧娘娘的纸像唱）

巧娘娘的影子出了门，你不出门我不忙呀，巧娘娘，下凡来。（出堂屋的门唱）

按照迎接来的唱词顺序又唱回去，唱词是：

一根线两根线，我把巧娘娘送出院，

一根绳两根绳，我把巧娘娘送出门。

一片瓦两片瓦，我把巧娘娘送上马，

一片转两片砖，我把巧娘娘送上天。

南天门请打开，我把巧娘娘送上来。

因为是送巧娘娘，小姑娘们会用红色的手袢在村小河的两边搭桥子，送巧娘娘上天去。小河寓意是把牛郎和织女隔断的天河，在天上相会是喜鹊搭的鹊桥相会。人间就用红色的手袢搭桥子让他们相会，所以是边搭桥子边唱：

一根竹子两头翘，你把巧娘娘送上轿，

一根竹子两头弯，你把巧娘娘送上天。

野桥哥（喜鹊），野桥哥，你把巧娘娘捎过河。

点燃香、蜡烛、黄表后，再点燃巧娘娘的纸像，焚化后寓意着升天，唱词是：

今年去了明年来，香蜡表纸接你来，

白手巾，画莲花，巧娘娘走了我咋弄家？

多咋能见了巧娘娘的面，除非明年下凡来。

巧娘娘，臧你去，天上牛郎配织女！（教我做针做线来）

然后鸣炮，搭手袢的小姑娘将手上的手袢松开，随着河水流淌而去，乞巧活动结束。

附录一：上寨附近乞巧节的新词

接巧歌

七月初一天门开，七仙女儿下凡来，

下了祥云接进院，荣华富贵万万年，
巧娘娘踏祥云来，我把巧娘娘接下凡。

送巧歌

骑白马，搭黄伞，我把巧娘娘送上天，
巧娘娘走家我想来，姑娘的日子咋过来，
姑娘你不要把我想，且等来年的七月七，
姑娘伤心把纸点，巧娘娘含泪上了天，
七月里，七月七，我把巧娘娘送上天。

迎水歌

端上香纸拜水神，水神爷爷真是灵，
把你的神水赐一碗，姑娘一起照花瓣，
七月里，七月七，银河桥上来相会。

搭桥子歌

巧娘娘穿的绣花鞋，天河边上走着来，
喜鹊哥哥搭桥子，天河上面有波涛，
喜鹊哥哥桥搭牢，天河上面再没桥，
喜鹊哥哥把桥搭，巧娘娘过桥相会家，
七月里，七月七，银河桥上相会家。

照花瓣歌

端上清水照花瓣，学了一手好针线，
巧了给个绣花针，不巧了给个大洋针，
巧了巧娘娘再不管，不巧了再等来年的七月七，
七月里，七月七，银河桥上来相会。

跳麻姐姐歌

麻姐姐的神来了，黑天半夜咋来了，
端的杏核茶来了，茶喝了，水看了，
跳乏了，跳乱了，一双花鞋跳烂了，
麻姐姐城里转一圈，一圈灾难带上天。

附录二：长道附近的唱词

接巧歌

上天打开南天门，我把巧娘娘接上行，
巧娘娘穿的绸子鞋，高高山上迈着来。
一根香两根香，我把巧娘娘接进庄，
一根神两根绳，我把巧娘娘接进门，
一根线两根线，我把巧娘娘接进院，
一根香两根香，巧娘娘坐在桌子上。

拜巧歌

凡间的女儿齐跪下，烧香点蜡敬神家，
白手巾上画芍药，我给巧娘娘把香烧，
白手巾上画莲花，我给巧娘娘把香插，
白手巾上画牡丹，我给巧娘娘把纸点，
白手巾上画龙呢，我给巧娘娘磕头呢！
磕一个头，连二三，抬头你把桌子上看，
桌子上坐着个活神仙。
提起个壶壶嘴嘴高，凡间的女儿把茶烧，
巧娘娘的头上有花呢，走过的地方地发呢！
盘盘里端的大红花，你的巧娘娘人人夸，
一夸你的巧娘娘好，二夸你的好领导。

送巧歌

唢呐响，鞭炮响，我送巧娘娘上天堂，
骑白马，搭黄伞，要唱八宝到银山，
八宝到了银上了，巧娘娘成神仙了。

成了神仙驾起云，上天打开了南天门，到处巧娘娘一位神。

喜鹊哥，尕丫哥，把我的巧娘娘捎过河，
今年过去明年来，头顶香盘接你来，
再见再见真再见，明年七月再见面。

3. 全国其他地方乞巧节的形式

乞巧节在我国一定范围内流行，主要有甘肃、陕西、山东、河南、浙江、广东、福建、台湾等。现在对甘肃以外地方乞巧节的情况做简单的梳理。

（1）陕西南部的乞巧

七夕吃豆芽，陕西南部乡村流传着七月初七这一天吃豆芽的民俗。这一天，家家户户都要泡豆芽，全村的妇女和女孩子一起，在晚上到某家人集中祭拜西王母娘娘。西王母娘娘的造像是一只木水桶和一个葫芦临时做成的，人们给它穿上衣服，进行祭拜。妇女们在西王母娘娘面前跪拜，诉说过去一年的生活磨难，并祈祷来年平安顺利。祭拜的主持人是全村选出的一位外表漂亮、心灵手巧且待字闺中的女孩，由她给大家分发豆芽，据说女孩子吃豆芽后，会变得和主持人一样漂亮、手巧。豆芽是一种典型的“种生乞巧”，在表面的“巧”后面，隐喻的是“生”，其实用葫芦做祭拜偶像，已经有“多籽”的隐喻，因为生育是女孩子未来的责任。

（2）河南的乞巧

农历七月初七是传说中牛郎织女鹊桥相会的日子，由此衍生为中国传统的七夕节，而这鹊桥相会也名列中国民间四大传说之一。有人考证，这一美丽动人、千古流传的爱情传说起源于古老的南阳。

牛郎织女传说与楚文化、南阳丝绸与织女都有着记载上的联系。黄牛、牛郎、农耕文化等方面，都与河南的南阳有联系，研究论证比较多。

（3）山东的乞巧

临沂一般都在这天洗涮油罐子。据说这一天油罐子特别容易洗刷，用水轻轻一冲就洁净了。诸城、藤县、邹县一带把七夕下的雨叫作“相思雨”或“相思泪”，因为是牛郎织女相会所致。传说胶东、鲁西南等地这天喜鹊极少，都到天上搭鹊桥去了。

（4）广东的乞巧

广东有三个有特色的乞巧地方，分别是广州市天河区珠村的乞巧、东莞市望牛墩镇的乞巧、江门开平市的乞巧，现在分述如下：

①广州市天河区珠村的乞巧，称为七娘会，又称拜七姐会，从七月初六夜开始，七娘会由姑娘们相约组合而成，每人集资若干，利用闲散时间，用通草、色纸、芝麻、米粒等做成各种花果、仕女、器物、宫室等。在初六日杂以针线、脂粉、古董、珍玩、花生、时令水果摆列在家里的八仙桌上供人评赏。初七迎仙女，拜仙女，拜牛郎等。

②东莞市望牛墩镇的乞巧，以打造七夕文化风情

节为主要特色，开展乞巧文化的宣传与引导。

③江门开平市的乞巧，七夕节一般称为乞巧节，但是在开平，独称“慕仙节”，取自“不羡慕神仙慕鸳鸯”之意，表达的是对相会、相见的思念。祭奠七仙女时，摆七种水果或者八种水果，但是不摆梨子，因为“梨”与“离”字谐音，而离别的寓意不能有。从以上双重意义来看，相会、相见的意思表达就更加明确了。这可能与这里的侨乡因素有关。为了生活，男人出去打拼，很少回家。近百年时间里，女儿节改成了“慕仙节”，间接地表达着对生活的向往，也客观地反映出地域因素形成的人文因素。

（5）浙江的乞巧

①洗头节，是七夕节的别称，流行于浙江地区。七月初七一大早，妇女们到井边打水，采摘槿叶搓碎和水后，调成胶水状，用来洗头发。相传，天上的织女每逢七月初七就用槿叶汁在机杼旁洗头，被牛郎发现。织女见牛郎青丝黑发，十分俊朗，遂生爱慕之心，于是将自己的头发也洗而髻之，前去求婚，民间相传成俗。

②杀雄鸡，在浙江金华、武义一带流传。七月初七这一天是牛郎和织女相会的日子，民间有杀雄鸡的习俗，把雄鸡杀掉后，就不打鸣了，没有雄鸡报晓。

牛郎、织女在鹊桥相会，就永不分开了。

③送巧人，流行于浙江台州地区。七夕前，各个糕点、饼店及作坊，用面粉加糖酥，用木模压成二寸来高的织女身形，头、足染上红色，俗称“巧人”。当天，当舅舅、姑妈、义父的都要来买“巧人”送给外甥、内侄或义子。

④吃巧食，流行于浙江南部。巧食，是一种用糯米粉杂以红白糖，或者一种用面粉拌以糖和猪油、芝麻合制而成的长条甜饼，形似指或舌，品种有单巧、双巧、麻巧等，上面还印有状元、魁星等人物的花纹，均有“乞巧”意，实则是让孩子们得“巧”，能考好科举试。

（6）福建、台湾地区的乞巧

七娘妈，亦称“七娘”“七星娘”“七星奶”，拜七娘妈主要流行于福建和台湾地区。当地民间供奉七个织女，尊为儿童的保护神，他们相信16岁以下的少年儿童均受到该神的庇护。七夕，为七娘的生日。这其实与福建、台湾地区往来海峡两岸并需要祈福保平安有关系。七娘，不是第七个仙女，而是有七个织女保护孩子。从数量上说，这就像给往来两岸的渔民加了一道保险，毕竟保佑孩子的神灵越多越好，这也是地域文化的典型表现。因为打鱼生活，既有力气活如划船、撒网、拉网等的需要男人支撑，也有技巧活如织网、补网、照料生活等需要女人配合，也就是说需要男女搭配劳作。在这样的情况下，对孩子的照顾就会薄弱，渔民的孩子在海边玩耍，不安全因素也增加。因此，人们祈求保护神对孩子有更多的庇佑，以弥补对孩子照顾不够周到的遗憾，便把织女变成七个织女，使保护神的数量增加。

4. 西和乞巧节中巧文化、巧娘娘与嬴秦关系考

有学术观点认为，西和乞巧节中巧娘娘的原型是秦人先祖女修；加上如今乞巧节仍然流传且较有地方特色的是西和、礼县，那里是秦人的兴起之地。然而，《史记·秦本纪》记载的巧娘娘的原型就是女修，这种简单的推论是值得推敲的。

毫无疑问，西和、礼县位于西汉水上游，加之礼县大堡子山的先秦墓葬群被发现后，更加证明西汉水上游地区是秦人发迹的源头，甚至有观点认为，“西和县”的“西”都是“西垂”的“西”的遗留，与先秦有关。

要对秦人的起源和迁徙做一个简单的梳理，才能对乞巧节这种文化生活现象进行追溯式探寻，从而探寻巧娘娘是否与秦人有关系，是继承性关系、嫁接性关系还是没有关系。

为此，有必要简单地回顾秦人的兴起及发展过程，并对一些基本问题进行确认，从而梳理出秦人与乞巧的关系，并对未来乞巧节的发展提供思路上的参考。

首要的问题是，秦人起源于何处？

这个问题在20世纪二三十年代的学术界存在着两种观点：一种是秦人起源于西戎说，王国维、蒙文通先生持此说；另一种观点是“双元说”，秦人源于东方，兴起于西方，钱穆先生持此说。随着后来地下考古工作的开展和资料的丰富，越来越多观点趋向于秦人“源于东，而兴于西”的说法，直到20世纪90年代西垂陵园被发现后，这才成为主流的观点。以下讨论都是按照这个观点来展开的。

著名历史学家王玉哲先生经过考证，认为秦人的西迁过程如下[①]：

秦人起源于东方，本为东夷之族。……通过民族学、考古学与古史学多方面的综合研究，越来越多人相继提供了秦族起源于东方的有力证据，归纳起来有以下三点：

---

① 王玉哲. 秦人的族源及其迁徙路线［J］. 历史研究，1991（3）.

（1）秦人卵生之神话传说，属于东方诸多古老氏族的鸟图腾崇拜范围。

（2）秦族少皞又称颛顼之苗裔。少皞墟在今山东曲阜，颛顼墟在今河北南部之濮阳县。少皞、颛顼均为东方部落宗族神。

（3）秦为嬴姓，嬴姓之古老部族大多在东方。

通过上面对《史记·秦本纪》的考察，便可清楚地看出秦人早期从东到西逐渐迁徙的时间和路线。秦本东方夷族，兴起于虞夏之际。殷商灭夏，秦人开始西迁。大致分为三步，最后到达今甘肃境。

第一步，从山东西迁山西，大约在胥轩、中潏时代。

第二步，从山西再西迁到陕西犬丘，大约在大骆、非子时代。

第三步，从陕西犬丘向西迁至甘肃西犬丘，则为非子时，有明文记载。不过这次与其说是迁徙，毋宁说是扩展。

总之，上面三次从东到西的迁徙自山东开始，一迁山西，再迁陕西，最后到达甘肃。至秦襄公时代秦人的势力，便逐渐占有陕西的大部分土地了。

王玉哲先生注释：卫聚贤在20世纪30年代就已说过，“秦民族发源于山东，至山西、陕西、甘肃然后再向东发展”[①]。虽然卫氏仅仅说了这么一句话，并无其他阐释，但这个看法是他首先提出来的。

王学理先生的《嬴秦西迁考述》[②]，更为具体地对嬴秦西迁的时间、地理位置以及迁徙的人群进行了分类描述，并对迁徙的原因进行了分析。

总体上看，秦人源于中国东部山东莱芜，兴起于中国西部甘肃天水，具体在天水清水、张家川、陇南礼县西和一带、西汉水流域。这个结论是比较可信的。

简单地说，秦人从族源上就是源自东方九夷，然后黄帝分封伯益，为嬴氏。在历史的长河中，西迁后，在今天的甘肃天水渭河上游、陇南的西汉水流域，为周王朝养马。周孝王时，分封非子，开始为秦。

从地域上讲，从山东一迁到山西，再迁到陕西，三迁到甘肃，完成了悲壮的迁徙。

一个民族有一个民族独特的文化传统，这也与这个民族形成、发展壮大的自然地理条件息息相关。但

① 中国民族的来源［M］//王玉哲著. 古史研究：第三集. 上海：商务印书馆，1937.

② 宋镇豪. 嬴秦始源：首届中国莱芜嬴秦历史文化学术研讨会论文集［C］. 北京：中国社会科学出版社，2013.

是，在中华文明发展的过程中，民族的流动迁徙必然会因为生产生活的自然条件变化，而出现与之相适应的文化形态。王玉哲先生有一段精辟的论述[1]：

> 一个民族及其文化的来源，和这个民族的发祥地以及其迁徙的路线有着重大的关系。民族的迁徙，犹如河水。当其由山上的水源，下注于高原，再流于平原时，其主流有时杂以农田中之浊水，有时又有含石灰石高原之清水，同时复沿途接受两岸下崩之泥土。又或经干燥之沙漠地带，水为干燥空气吸收不少。或为农夫转以灌溉农田。到此河水流入海口时，其水分含质，已经大异于前。我人欲分析此水之成分，不得不追寻其水源及其流经之地域。至于民族流动，与此绝相类，故有人称之为“人河”。民族之人种及其文化，其始或甚纯粹，但沿途吸收异族之人种与文化混杂之。所以我们若想研究某一民族及其文化的来源，只有从该民族现在所在的地方，逆溯其所经之地方，以达到其原来的发祥地。而此三事，即代表三个连续的地理位置，都含有地理状况，足以影响民族及其文化的形成。

① 王玉哲. 楚族故地及其迁徙路线［M］//古史集林. 北京：中华书局，2002.

然而根据现在的研究，到达甘肃的秦人（西犬丘、清水、礼县、西和一带）这一支，历经风雨迁徙，与在陕西犬丘（兴平）的已经有明显的区别。尉苗、王涛、赵丛苍、陈靓、王昌燧的论文《甘肃西山遗址早期秦人的饮食与口腔卫生》，对礼县西山遗址早期秦人的遗骸做了研究，他们把牙齿磨耗、龋齿、生前牙齿脱落、上下颌骨表面骨质隆起等指标作为主要的观察内容，与国内外相关样本组做对比分析，发现西山早期秦人饮食较为复杂多样，总体上以肉食居多，植物性食物也占一定的比例，并推测早期秦人的经济模式应为农牧兼营的混合经营模式。赵丛苍教授的学生凌雪在《秦人食谱研究》中，运用骨化学方法测定人骨中的碳和氮稳定同位素以及与食谱有关的微量元素，揭示早期秦人的食谱特点，对比分析不同地域、不同时期秦人食谱之间的差异，并在此基础上探讨早期秦人的生活方式、经济模式等历史问题。这两篇文章得出的结论基本一致，即认为甘肃礼县西山先民食物结构中的动物性食物占有较大的比例，同时植物性食物占有一定的比例，西山遗址先民的经济模式为农牧兼营的混合型形态。对陕西宝鸡建河墓地和凤翔孙家南头墓葬两地出土秦人遗骨化学成分的测定研究发现，春秋战国时期关中西部秦人的饮食以谷物为主，辅以少量肉食。[①]

通过以上两篇专业论文可以确认，甘肃礼县一带秦人的生活方式以肉食为主，并辅以少量粮食。从经营生产生活方式上讲，采取以放牧或者游牧为主的经营方式。而今天的巧娘娘研究，放在大的框架下就是“牛郎织女研究”的范畴。牛郎织女的生活结构方式是最典型的“男耕女织”，也就是农业社会的生产生活方式。因此，通过合理的考证梳理出巧娘娘与嬴秦先祖关系的源流，才更加有意义。

综上所述，秦人的先祖女修是司马迁在《史记·秦本纪》中所描述的形象，但这个描述显然有司马迁“黄帝血统”的因素。

5. 西和乞巧节的起源猜想

如果乞巧节的巧娘娘与秦人的先祖女修没有直接关系，乞巧文化与秦文化没有继承关系，那么乞巧节，或者说广泛意义上的“牛郎织女的研究”，从何时定位，为什么这样定位呢？根据史料，笔者有如下猜想，牛郎织女起始时间应该在汉武帝后，主要理由是：

---

① 刘宝才. 秦地嬴氏社会经济结构窥测［M］// 宋镇豪. 嬴秦始源. 北京：中国社会科学出版社，2013.

清水先生的《七夕漫谈》尝言，《武帝内传》记载，汉武帝生于农历七月初七，后来故事比较多的就是汉武帝七月初七会西王母的故事。

秦统一六国后，汉袭秦法，经过分封诸侯国、七王之乱、汉武帝推行推恩令后，在实际行政操作的层面上已经是彻底的郡县制，汉武帝一生的大规模军事行动都需要稳定的农业生产作为物质基础，以农业为主的汉王朝更加急迫需要物质生产资料的支持，而农业的生产则需要历法的指导。汉武帝太初元年（前104年），汉武帝颁布太初历，第一次采用了二十四节气作为农业生产的指导。在稳定的农业生产条件、以家庭生产为主的基础上，“男耕女织”成为最稳定的生产生活分工配合形式，因此精神上的需要也就随之而来。

由牛耕的农业方式进入农业社会并形成规模，从战国时期铁器的使用到汉代耦犁的推广使用，用直辕犁，用二牛三人操作；西汉末年，二牛抬杠，二牛一人操作；魏晋，一牛一人操作；唐代南方的开发中，受到地形的影响，直犁改变成曲辕犁，既省力又提高生产效率。到宋元明清时，农业中的牛耕仍然是主要生产方式。因此，作为劳动力的男性，牛郎的稳定性称谓一直是有的。铁器使用后，农耕文化的牛耕生产力就是男性，牛郎几乎就是普天下男人的代名词。

汉武帝和西王母娘娘相会的故事，发生于农历七月初七，这是人与神的交往；民间的范畴投影就演变成牛郎与织女（又称为帝孙星）的相会模式，是帝王与西王母娘娘潇洒相会的美好画面在民众的心里投射。

何谓风俗？东汉班固《汉书·地理志》说："凡民函无常之性，而且刚柔缓急，音声不同，系水土之风气，故谓之风。好恶取舍，动静亡常，随君上之情欲，故谓之俗。"认为风俗是"风"和"俗"的组合，"风"和"俗"各有所指。风，指自然习性，与环境、气候条件相关；俗，是生活趣味与行为习惯，来自上层人士的影响。

这种在人性深处的美好向往仍然在发生着作用。经过两千年的变化，七夕节或者说牛郎织女的故事仍然在流传，根本上就是农耕文化并没有完全消失。巧娘娘的原型，就是织女星的人间化身。牛郎、织女的故事就是汉武帝与西王母娘娘七月初七相会的民间投射。尽管牵牛星和织女星早在《诗经》中就有记载，但故事发展到西汉汉武帝时期才有牛郎、织女的可能。这其实只是一个美好的幻想。

施爱东先生的《牛郎织女研究批评》[1]已经明确地指出了现在一些研究方家的问题，这种批评对研究乞巧文化是有好处的，也是为了推动乞巧文化的发展，很值得学习。

从汉文化的流传过程来看，无论是东晋葛洪的《西京杂记》还是宋代孟元老的《东京梦华录》，都有相同的故国情结追念汉家正统的思绪。

东晋是偏安一隅的王朝，因为西晋被羌族政权灭掉，《西京杂记》的内容以西京即西汉王朝的首都长安为地域范围，记录了汉王朝的王侯将相和逸闻趣事；这本书记载的七夕故事，本身就是对汉王朝的追思，其实也是对西晋灭亡悲痛的另一种书写。

南宋也是偏南一隅的王朝，因为北宋被金朝灭了。《东京梦华录》的内容即以北宋王朝的首都开封为地域范围，此书成于南宋绍兴十七年（1147年）。记录了北宋风土人情、逸闻趣事；这本书记载的七夕故事场面也是热闹非凡，其实也是对北宋故国的追思。

从这两部笔记小说能够看出，作者对故国的思念，在深层次上说是对汉文化、汉正统的追忆。反过

---

① 施爱. 牛郎织女研究批评［J］. 文史哲，2008（4）.

来讲，七夕节在汉族形成这个时代的烙印，成为作者追思的部分。这也印证了七夕节即广义上的牛郎织女故事的形成背景，是以汉王朝以及这个王朝命名一个民族和文化符号时代的标识之一，才成为后来有一种亡国情结时被追忆的可能。

南宋灭亡，中华的文化出现了断层。所以有人惊呼“崖山之后无中华”。汉文化被摧残，是中华传统文化历史上一段黑暗的时间。中华文化的大树被外力推倒，这颗大树上的种子流散开来。有的流到河流，被水流冲走，可能会在遥远的远方不经意地成长，更多是没有成长的机会；有的流落到道路上，被踩踏，永远地失去；有的散落在犄角旮旯里，正好有合适的土壤便重新发育成长。

牛郎织女故事的七巧节文化，犹如那颗幸运的种子，落在曾经兴起秦帝国先民的土地，流传了下来，在西和礼县一带延续到了今天。

6. 西和乞巧节形成的深层原因探究

西和的乞巧节，在全国范围内都是独一无二的。为什么乞巧节能在西和流传这么长时间呢？西和乞巧节能流传下来的根本原因是什么？这需要做进一步的探讨。

首先，在时间上，乞巧节持续长达七天八夜。为什么会有这么长的时间？全国其他地方的乞巧节一般是一两天，为什么唯独西和乞巧节是七天八夜呢？这就要从节日的农业时间说起。

对节日的重视程度总是与该地方的农业文化有紧密联系的。气候和地理条件决定了农作物的生长条件，而农作物的成熟周期严重影响了对节日的选择性继承。

西和地处黄土高原和四川盆地的交界地带，农作物以小麦、土豆、玉米为主。其中，小麦为精粮的主粮，成熟期在农历的五月底到六月中旬，其间是收割的季节。经过一段时间的辛勤劳作，待到粮食丰收后，人们需要放松心情，便给农历七月七的“乞巧”节赋予了丰富的节日内涵。

一方面，粮食丰收是对一年劳作的回报，对自然的敬畏和尊敬让人对神灵的保佑有感恩的情愫；另一方面，丰收小麦的季节恰恰是甘肃的热天，在高温下进行高强度的工作需要节日来放松。谚语有云，“五黄六月忙，秀女下闺床”，小麦的丰收季节只有短短半个月左右的时间，不论男女老少都要赶时间全力抢收。几千年来，自然条件都是影响农业的主要因素，趁着好天气收割庄稼是唯一快捷的办法。尽管在改革开放40年以来，电力的发展和应用已经令生产难度有所下降、生产时间有所延长，但从几千年的时间来看，这只不过是沧海一粟。

乞巧节的时间是七月初七，正好是农历年的一半，放松一下是有必要的。这不仅是对来年的祈祷，更是对上半年努力的犒赏。最根本的是，由于西和一年只有一季庄稼，从这时抢收后到秋收前还有两个月左右的闲暇时间，这就给乞巧节在劳动间隙长期存在提供了保障。在西和偏南的乡镇，就没有这样的闲暇时间，因为小麦收割后还要抢种一季玉米，人们都比较忙，劳动人民没有时间参加乞巧活动。例如，西和洛峪乡、西和大桥乡就不举办乞巧节活动。这个是最现实的例证。

其次，乞巧的卜巧方式是“种生乞巧”。举行乞巧节需要卜巧，看自己能乞到什么巧。卜巧的方式，是用水泡长出的小麦芽或者玉米芽，这是最典型的“种生乞巧”。

中国两千年以来受到封建制度的影响，而支撑这个封建制度的经济基础就是传统农业。传统农业中最关键的生产力是人口，特别是用人口数量的量级优势来弥补战争、灾荒以及王朝更替后土地开发的人口缺乏，并达到快速恢复王朝国力的目的。

关于农业人口和劳动力的关系问题，著名学者漆侠先生有一段论述[①]：

宋代百年以来人口的大幅度增长，主要是具有生产力的劳动力人口的增长，这是宋代人口同时也是封建社会人口增长的一个重要特点。与奴隶制时代使用大批奴隶生产、资本主义的机器大生产有所不同，包括宋代在内的封建时代的生产是以个体生产者为基础的。佃客也好，自耕农业也好，手工工匠和作坊也好，都是以一家一户作为一个生产单位的个体小生产。这种个体小生产，需要在一个不太长的时间内就有一个劳动力的更新。在一个农民家庭里，十岁上下的孩子就能割草、打柴、放羊、牧牛了；十二三岁时就成为家庭的辅助劳动力；而到十六七岁十八岁时，就成为这个家庭的主要劳动力了。小生产中的这种劳动力更新，反映到农民的思想意识中，就是“生儿养女防备老”；反映到婚姻上，就是早婚。宋代人口之所以以11%的增长率猛增，就是由以个体生产为基础的封建生产方式这个最根本的因素决定的。随着封建制日益削弱，对人口增长的限制越来越小，人口就相应地增长起来。

① 漆侠. 中国经济通史：宋代经济卷：上下册［M］. 北京：经济日报出版社，1999.

从明代的“一条鞭法”的实行，到清代“摊丁入亩，永不加赋”，由此而引起的人口增长，就说明了这个问题。当封建制度瓦解或者是从根本上被推翻之后，生产依然是以个体小生产为基础或者是占优势的地方，人口会陡然增加起来。中华人民共和国成立以来，人口大幅度地增长，就是在这样的历史条件下造成的。只要是在农业上以个体生产占优势的国度里，人口的迅速增长是无法避免的，如果不加注意的话。

传统农业以个体生产为主导，所以要连续保持生产力，绵延劳动力，早婚早育就是生活生产上的必然。“早养儿子早享福”是在这种需要下衍生的口号。实际上，在清代末至民国初年，仅笔者所调查了解到的，西和的男女婚姻年龄为14—16岁，18岁结婚的就算比较晚了。这是一个客观事实。

这个客观事实就催生了一个婚育观，就是要能生、多生，这个任务就天然地落在女性身上。

在农业社会，可以不计较一个女人是否漂亮，但是，如果不能生育是很难生存的。古代离婚的“七出”休妻，其中就有不能生育这一条。

这样一来，乞巧节作为女孩子的节日，强调了生育在现实中的重要性。而“巧”是技能的一种，技能可以“拙”，人也可以“丑”，但不能生育或者没有男丁则会对未来生活造成实际影响。

因此，对于未来生活的实际影响，就是把生育放在首位，这不是文化观念决定的，而是现实的需要。“乞巧”中的“巧”，是披上了外衣的“乞生”。

再次，对崇拜神巧娘娘的称呼进行分析。西和人把他们崇拜的神叫“巧娘娘”，“巧”则是“孃”的读音。现在甘肃的西和话和礼县话把“孃”读作“ni á”，在现在的读音上与陕西方言是一致的。同样，陕西方言同河南方言中的字音读“娘”（ni á ng），少了“ng”的音。甘肃偏远一些，在地方语言中，保持地方方言是正常的事情。

在语言上，乞巧有很多种叫法，“娘”的叫法就是“妈妈或者母亲”。试想，如果是女孩子，也可以叫“女儿”，也有叫“七姑”，也有叫“七姐”的。而女儿、七姑、七姐都不必然与生育联系，只有“巧娘娘”这样的叫法与“母亲”有联系。而只有生育过孩子的才能做母亲，这样，“巧娘娘”的寓意就更加深刻了，更大的意义就是保佑生育、繁衍子孙。

综上所述，乞巧节能够流传下来，根本原因就是千百年来西和县、礼县这些地方艰苦的生活条件并没有改变过，农业生产的命运没有改变过，这就决定了农村劳动生产需要劳动力的根本需要没有改变，这种需要支配了人的婚育观念，并长期影响之。乞巧节作为乞生的根本婚育观念也被长期延续着。

二、七月十五

道教认为，七月十五是中元节，与正月十五上元节祭天、七月十五中元节祭鬼、十一月十五下元节祭地都是汉民族的传统节日之一。通俗地说，七月十五被称为“鬼节”。而佛教传统中的“盂兰盆会”也是七月十五，并且是超度先祖、解先祖阴间磨难的日子。所以，道教、佛教超度亡灵，合在一起就成为超度先祖、祭拜亡灵的日子。

实际上，从七月十三前后就开始准备，七月十四晚上接纸，到把亡灵接到专门的宗教场所如道观、庙宇去超度亡灵，叫“坐纸”。七月十五诵经，并超度亡灵。

在这天，通常需要准备香烛、瓜果、食品、冥币来祭拜。在“接纸”时，亲人痛哭迎亡灵；“送纸”时，焚化纸币，哭送亡灵。

第八节　八月节令

八月十五

八月十五是中秋节，是瓜果丰收后的第一个节日，水果丰盛。在这一天的晚上，人们会祭拜月亮，朝着月亮升起的地方，用桌子摆上水果，焚香，叩头。香燃尽后，就可以享用祭品了。

虽然说吃月饼现在看起来是很平常的事情，但在当时，月饼并不是经常能吃到的食物。中华人民共和国成立以前，也是很少数人家才有月饼的。吃月饼的习俗形成岁月已经很长。早在南宋周密的《武林旧事》中，就出现了“月饼”一词，这是对月饼最早的记录。而在普通的农村，人们只是听说，20世纪80年代后月饼才普遍流行开来，人们在中秋节前几天开始走亲访友赠送月饼。

第九节　九月节令

九月初九

九月初九，是重阳节。流传至今又被定为“敬老节”，其他地方也有登高的民俗，但在西和基本上没有特别的风俗。

第十节　十月节令

十月初一

农历十月，古代又称孟冬，十月一日是进入冬天的第一天，往往要加衣服抵御寒冷。由活着的人念及亡者，所以要烧寒衣，以祈祷亡者在阴间不受冷冻。这个同三月初三的烧单衣相对应。而下元节、十月十五则没有特别的民俗。

第十一节　十二月节令

一、十二月初八

农历十二月初八是腊八节，一般的习俗是喝腊八粥。除此之外，没有其他固定的饮食习俗，一般是一家人聚起来吃顿好点的饭，但是在农村就要开始准备过年，杀猪、准备年货等。

有歌谣为证：

腊月八，碾荞花，

还有二十二天过年家，

有猪的，把猪杀。

没猪的，打娃娃，

娘（读音nia）啊娘，你冇（读音mǎo）打

门背后挂哈个猪尾（读音yǐ）巴，

吮了一口油啦啦。

二、十二月二十三

农历十二月二十三是小年，也就是小型的年，置办年货已经开始倒计时。在这前后，有清扫家中灰尘的习俗，一年到头要来个大扫除，称为“扫霉”。打扫卫生的时候，祈求把一切不好的扫走，准备迎接新年。

三、十二月三十

农历十二月三十是赶鬼集，人们一般会祭灶和守岁。

1. 赶鬼集

在这一天，过年所需的东西基本上准备好了，但是，总有些忘记置办的东西需要在这一天来置办，所以这天的市集只有半天，毕竟卖东西的人也要回家过年。

什么是鬼集呢？相传鬼集起源于晚清的北京。当时清朝满人入关，满人成了王公贵族，随着时间的变化，这些八旗子弟变成纨绔子弟，疏于经营生活，

能力也逐渐变差。虽然满人征服了汉人，得了天下，但是汉人的年却征服了满人，变成一起过的节日。虽说日子得越来越不景气，但年还是要过的。加上北京的王公贵族礼数多，纵使家庭败落，礼数还是不能少的。但是，过年没钱，怎么办呢？

幸好，祖上总是有一些坛坛罐罐、古玩字画留下来的。大年三十，再不换点钱过年就不像话。但是，卖祖宗的东西毕竟是丢人的事情。所以他们从晚上或者凌晨，就开始拿家里的收藏品卖。这样，卖完东西后，天还没有亮，碰到熟人的机会就少。天亮之前完成买卖交易，就像谁也不认识谁一样，来无影去无踪。这样的集市被称为“鬼市”。据说，北京著名的文物交易市场潘家园就是这样形成的。也有一种说法是，民国年间盗墓盛行，买卖死人陪葬品的做法见不得人，怕人家看到，所以称为“鬼市”。

2. 祭灶和守岁

相传，到了年底，家家户户的灶王爷都要上天汇报工作。所以家家都要祭拜灶王爷，祈求他保佑来年平平安安。但是，谁能保证灶王爷上天后不给老天爷说这家人的坏话呢？

于是，民间就给灶王爷想了两个招：一个是给灶王爷祭拜，有专门的“灶糖”，这种糖黏性很强，吃了后张口都很困难，工作就汇报不成了；另一个是把灶王爷送上天的时间推得很晚，这样灶王爷在天上汇报工作的时间就很短，还来不及汇报工作就又得下凡间来工作。所以，给灶王的神位上写的是：“上天言善事，下界降福祥”。

在祭拜灶王爷的过程中，大年三十的守岁也开始了，敬献供品，焚香口头，祭奠先人，并在家中坐到迎接新年。旧时说，守夜守得长，人就活得长，所以守夜也叫守岁，是给自己增加寿命，祈求长命百岁。

20世纪八九十年代，在大年三十这天吃长寿面是收岁的意思。随着生活的改善，逐渐以包饺子、吃炒菜为主的方式度过除夕夜。一家人坐在一起，烤火喝茶，孩子们则燃放烟花鞭炮。

1983年，中央电视台办了第一届春节联欢晚会，随着人们生活水平的不断提高以及电视逐渐普及，大年三十守岁看春晚成为全国的新民俗。在零点，迎新年气氛达到最高峰。人们准点燃放鞭炮，迎接新年的到来。踏入大年初一后，则按照惯例，家里人开始拜年了。

拾

第十章

四府龙王的吃会民俗

第一节　四府龙王的由来

第二节　巩昌府祈雨的故事

第三节　四府龙王吃会

第一节　四府龙王的由来

流传在今天西峪乡、兴隆乡、稍峪乡、晒经乡一带的四府龙王诸位雨神，是指今天兴隆乡庙山上的四龙王爷、西峪乡上寨村的李爷、西峪乡王家窑村的王爷和兴隆乡草川村的敖爷这个团队班子。一般认为，它们为“一殿之神”，四龙王爷为主案神（领导）。

四府龙王流传的生平故事如下：

一、四龙王爷简介

四爷，即是四龙王爷的简称，姓雷。西和县现有资料显示的有如下几部分：

据《西和县志》记载，乾隆三十九年（1774年），古迹寺庙为四龙王庙，另在圆滩子有七龙王庙。同时，在乾隆版《西和县志·山川考》中记载了象驼山、四龙王庙。

据古迹寺庙中记载，当时乡民祈雨时，先到龙洞山取水，然后到山下的龙王庙祈雨，有求必应。

西和县志办公室校点的《西和县志》，有西和县的民国部分[1]，书中提到龙王庙有五个，分别为黑池龙王庙、太祖龙王庙、四龙王庙、小二龙王庙、小四龙王庙。蒲立在《苏合太华山文物保护纪实》中对雷姓龙王也有详尽记载 。另有一种说法为汉代将军。

图10.1　四龙王塑像

以上资料记载，四龙王爷为雷姓龙王一脉，立庙于今天兴隆乡庙山（象驼山）。现在庙内的碑文是元代至正十年（1350年）的《太祖山灵源庙行祠祀》。图10.1为四龙王塑像。

二、李爷简介

李爷，讳成名，字光耀。祖籍陕西省扶风县法门寺人氏，元代至正年间（1341—1368年），因为战乱，举家逃难到甘肃省西和县。是今天上寨村李姓族人

图10.2　李诚明塑像
（2012年后）

① 西和县志办公室. 西和县志［M］. 2006.

的先祖，明朝建立后，更名为“诚明”。李爷生有五子，其名分别为乾、玄、亨、利、贞。其中第五个儿子李贞，在明末参加科举考试时，在礼县的燕子河遭遇土匪杀害殁身，相传在附近的红土寺羽化成神，保佑一方。图10.2则为2012年后制作的李诚明塑像。

三、王爷简介

图10.3 王爷塑像

王爷为今天西峪乡王家窑村（王家斜坡）王姓族人的先祖，是上寨村李爷的外甥。据此推测，其祖籍也是陕西扶风，名讳不详，生卒年大致为元代至正年间，农历四月十一日和农历十一月初六日为祭祀日。推测一为生辰，一为卒日。

王爷武艺精良，相传有番僧喇嘛想害他，反被他打死，就地掩埋。所以王家斜坡山脚下有一地名曰“喇嘛坟”。图10.3则为王爷塑像。

四、敖爷简介

敖爷本姓谢，原为蜀国（今四川）人，后来其母亲改嫁，带到敖家，遂姓敖氏，具体年代不详。后流落到西和本地兴隆乡茜家湾一带，平时以割漆为生。因为他武艺高强，在四川云南跑生意的本地商人常聘请他当保镖，保护商旅安全，所以他成了当地人经商的依靠。

有一天，敖爷在茜家湾对面的花寺坪割漆，他的儿子在树林里放猪，由于放猪是走动式放养，孩子在放猪过程中与敖爷割漆相距越来越远。

此时山中有猛虎突然出现，叼走了敖爷的儿子。儿子大声叫唤，敖爷循声音沿着山路快速追赶。途中见到儿子的残臂断体，心痛不已，但幻想孩子可能还活着，便又努力追赶。当追到今天茜家湾漆树坟的位置时，找到孩子的头颅或者是身体的主体躯干，才确定孩子已经死亡。

敖爷哭得呼天抢地，痛苦不堪。伤感之下，用手猛打自己脸面，以泄悔恨无力之情。割漆的双手上有树漆，颜色为黑色，所以敖爷的脸面被染成黑色。

然而，敖爷爱子心切，护犊之意无处发泄！一个以武护身之人，儿子被虎咬死，痛也！耻也！悔也！恨也！一怒之下，一头撞向漆树，倒地而亡。

后来有人在琵琶山、黑音沟、猪圈湾等地找到他儿子的另外一部分肢体，就地掩埋，成为“小敖爷坟”。

图10.4　草川敖爷的塑像

敖爷死后，当地人以感其保护之恩，立庙祭祀，以护佑百姓。敖爷撞树而亡并被埋葬的地方，叫“出气坟”，后改地名叫“漆树坟”。因为敖爷面色漆黑而发光，故又被称为“金光将军”。

有一年，地方上匪乱连连，茜家湾人抬敖爷像一同逃乱时，土匪截住前面的道路。无奈之下，将敖爷像放在案盘（石头）上抵挡乱匪。土匪走后，有草川商人经过茜家湾，看到敖爷像孤立停放，无人

图10.5　茜家湾敖爷祠堂

照看。敖爷成神既久，已护佑百姓多年，草川也是其护佑之地。草川人深感其恩，见此状况，遂抬至草川立庙祭拜，护佑乡邻。匪乱过后，茜家湾人找到草川人欲请回敖爷像，草川人既已立庙祭拜，遂不同意请回神像。此外，向敖爷占卜问卦，卦象也显示敖爷不愿意回茜家湾。至此，敖爷庙在草川落根（如图10.4所示）。但茜家湾人对敖爷的敬佩之情未曾改变，于2007年农历三月十七日重新立敖爷庙，重塑金身。敖爷庙以坐像为主，行像副之（如图10.5所示）。

在乡俗中，把庙山上的四龙王爷、上寨村的李爷、王家窨村的王爷和草川村的敖爷合称四府龙王。人们每年农历七月初四日在庙山上集体祭拜它们，并在周围的村庄轮流祭拜，俗称“吃会”。

第二节　巩昌府祈雨的故事

为什么四府龙王能受到人们崇敬？这里有一个更为出名的故事——巩昌府祈雨。

相传明朝时，西和县有一个师公子（男巫）到当时的巩昌府府地陇西县行走江湖，禳灾祈福。正好碰到那年天气干旱，庄稼面临绝收的境地。他说家乡西和县的四府龙王祈雨很灵验。巩昌府知府随即命令人搭台祈雨，以七天时间为限，如果祈祷不到，他将被架在干柴火上，当作骗子，妖人活活烧死。

当地万里无云，烈日炎炎，师公子没有办法，只有硬着头皮在祈雨台上祈雨。连续祈祷了六天，没有一点下雨的征兆。第七天，师公子着急祈祷四府龙王，不停地暗暗呼唤，祈求搭救。

这时，在巩昌府的上空，从西和县方向突然来了一朵红云，眼看红云越来越近、越来越大，慢慢地遮天蔽日。红云随狂风而至，一时间暴雨如注，其雨量之大，不仅足够救活庄稼，而且还能丰收。原来天上原本没有雨云，红云是四府龙王齐心将“天河”中的水刮出来下雨救急用的。随后，云散风收，一切如常。

巩昌知府大人大喜，给师公子赠送了一套知府专用的仪仗，俗称“全堂知事”，由师公子带回给西和县的四府龙王。这时，西和县的城隍爷知道后，托梦给相关人等称：“我是阴间的一县之主都没有仪仗，你四府龙王就要用这个仪仗？必须拿走半套放在城隍庙。”

所以，四府龙王只有半套仪仗，也因此四府龙王祈雨灵验的事迹传遍一方。此半套仪仗在上寨村双龙祠，可能是后来建庙时重新做的，分别是金瓜、斧钺、朝天蹬、大笔。

第三节　四府龙王吃会

一、各村祭祀的准备

四府龙王中的李爷、王爷和敖爷，在农历七月初四前集中在四龙王爷所在的庙山上，因为要举办祭祀的集会并要在祭拜的村庄接受祭拜，俗称“吃会”。

主持各村祭祀的人叫“会头”，每年轮流担任，由会头来主持该年的祭祀全过程。会头的主要职责如下：

（1）“攒钱”。按照整个村子的祭祀礼，需要大致定一个总量，然后按照人头平均收费，比如买羊、买猪等等。也有一些人为讨个好兆头，会多交一份或者更多，比如新来了儿媳妇，不仅交新进门儿媳妇的一份，还交一份小孩子的，名曰“添人口”。

（2）接送和祭拜事宜的引导和组织。四府龙王一般是抬轿子接送的。近年来，随着村村通公路，有了硬化路面、水泥路面上山，交通得到极大的改善。

接送四府龙王也可以坐车，这是一个新的变化。

（3）分配祭品。比如杀猪后，每家每户会分配猪肉，俗称“吃份子”；比如煮甜醅（小麦甜曲），从收集粮食到煮熟发酵再到分配祭品，都是由会头来主持完成的。现在变得更加简单，直接买现成的，也是已经分配好的。

二、祭品分类

早期祭祀礼品通常是按照村庄大小和实际经济状况来确定的，后来各村的祭品主要是按传统传承下来的。祭品基本上以荤菜（肉类）、面食、蔬菜、水果四类为主。

肉类：主要敬献的是猪肉、羊肉、鸡肉三类。

面食：主要是小麦做成的甜醅，以及面粉做的各类油炸馓果。

蔬菜：仅有一家祭品用瓜菜。

水果：敬献时令水果。

祭祀祭品的丰盛与否，往往是一个村庄人口大小的反映，也是一个村庄对祭祀重视程度的反映。不重视祭祀的村庄已经取消祭祀礼。

诵经：仅在叶家河村，诵《圣母孔经》。

三、祭拜礼仪

鸣炮礼，敬香烛，燃黄表，磕头礼。

四、四府龙王在各村吃会的顺序

四府龙王聚齐，每年吃会前，会有上庙村的会头将李爷、王爷、敖爷行像接到上庙，将四府龙王会齐。为了吃会抬轿的方便，只有一顶轿子里刻（写）四府龙王的牌位，从下庙村开始吃会。

接送时，送爷的村子一般放在吃会当天所在村的交界处，偏向当天吃会的一边，由接的村庄会头来接爷，会举行简单的仪式，到哪一个村子后，有家神（先祖）的会同家神一起来接，轿子或者安坐在家神庙（宗祠），或者安坐在某个会头的家里。

然后，进行正式的祭拜礼，放鞭炮，燃烛，上香，焚黄表纸，进献礼等。

放鞭炮有迎接的意思，也能起到通知村民的作用。村民会赶来进行简单的祭拜，通常是上香、磕头、祈祷家人平安健康一类。

吃会的流程：基本上从每年农历七月初四起，从兴隆乡下庙村启程吃会，一般是在每个村子吃一天，但若算上接送的时间则要跨两天。比如，七月初五到张家阳山吃会，这个过程指的是：七月初四下午从下庙村赶到张家阳山，七月初五白天在张家阳山吃一上午，当天下午送到季马村继续吃。有四府龙王吃会风俗的村子吃会结束后，则按照约定俗成的流程接送。但是，四府龙王在兴隆乡上庙村上庙的日子是农历八月十四，各个村要按照村的数量计算好时间，以保证农历八月十四前来到上庙村。

从下庙村下庙的第一村算起，大致是：

兴隆乡下庙村，主祭品：一头猪。

兴隆乡张家阳山，主祭品：一只羊。

兴隆乡季马村，分成季家村和马家村轮流来祭祀。季家村的主祭品是一只鸡，马家村的主祭品是甜醅。在季家村主祭时，马家村的人到季家村祭拜；在马家村祭拜时，季家村的人到马家村祭拜。

兴隆乡崔马村，主祭品：一只鸡。

兴隆乡陈家山，主祭品：一头猪。

西峪乡崆峒山，主祭品：一只鸡。

西峪乡王家斜坡（王家窑村），主祭品：一只鸡。

西峪乡乔家堡子，主祭品：一只鸡。

西峪乡刘家上坪，主祭品：猪头。

西峪乡刘家下坪，主祭品：猪头。

西峪乡杜家河村，主祭品：猪头。

西峪乡高儿寨，主祭品：一只鸡。

西峪乡下寨村，主祭品：一只鸡。

西峪乡上寨上城，主祭品：猪头。

西峪乡上寨下城，主祭品：猪头。

西峪乡王家茨峪，主祭品：猪头。

西峪乡党家山，主祭品：瓜菜。

西峪乡王家窑，主祭品：甜醅。

兴隆乡李家阳山，主祭品：一只鸡和甜醅。

稍峪乡牛家窑上，主祭品：一只羊。

兴隆乡叶家河里，主祭品：一只羊、三只鸡。另有念佛经《圣母孔经》，2008年地震后念佛经取消。

兴隆乡岳王村，主祭品：一只鸡。

兴隆乡牟家河，主祭品：一只鸡。

兴隆乡张家河，主祭品：一只鸡。

兴隆乡冉家湾，主祭品：两只鸡。

兴隆乡王家山，主祭品：一只鸡。

兴隆乡党家河里，主祭品：一只鸡。

兴隆乡侯家庄，主祭品：一只羊。

兴隆乡乔家门下，主祭品：一只鸡。

晒经乡严家沟里，主祭品：两只鸡。

晒经乡腰庄里，主祭品：一只鸡。

晒经乡兰家湾，主祭品：一只鸡。

兴隆乡茜家湾里，主祭品：一只羊。

兴隆乡石泉村，主祭品：一只鸡、一只羊。隔年轮流祭拜。

兴隆乡黑音沟村，主祭品：一只羊。

兴隆乡柳树沟里，主祭品：一只鸡。

卢河乡草川，主祭品：甜醅。

兴隆乡丁钱，主祭品：一只鸡。

兴隆乡塔儿河，主祭品：一只鸡。

卢河乡薛旗寨，主祭品：一只鸡。

卢河乡段峪村，主祭品：一头猪。

兴隆乡吴家沟，主祭品：一只羊。

兴隆乡上庙村，主祭品：一头猪。

根据笔者2016年的实地考察记录，以上主祭村庄共计43个村，行政乡镇区划上分别在兴隆乡、卢河乡、西峪乡、晒经乡、稍峪乡这几个乡之间。从河流分布上讲，主要有卢河、庙上河（兴隆河）、杜家河（稍峪河）、漾水河、西峪河。

五、演山民俗

在接送的过程中，相传有三次“演山”过程。庙山，即象驼山，站在高山顶可观察到其他山系连绵山脉，唯有此山平地突兀，没有其他山脉连绵，如群山包围中的小象背一样。吃会的过程在兴隆乡兴隆河两连绵群山的村庄接送，相传过山顶看见庙山三次，不上庙而是转向其他村庄，此为“演山”。现在所走的路线，大致推测为以下三次演山：

茨峪转党家山，可看见庙山是第一次演山。

石泉转黑音沟，在将军山是第二次演山。

段家峪转吴家沟，翻过吕家窑，可看见庙山是最后一次演山。

这是口头流传的大致走过的路径。

六、将爷民俗

在一些比较大的村庄里，有将爷的风俗，抬着轿子奔跑，是一个力量与技能的挑战活动。

四府龙王在庙山上会齐后，到各村吃会时的轿子中，并非是四爷、李爷、王爷、敖爷的行像（行走的塑像），而是四府龙王的牌位。所以，轿子是空的，只有牌位。除了接送的时候恭敬祭拜，还会留出些专门的时间给年轻小伙子抬着塑像来绾庄祈福，俗称“将爷来”。

一般是四个人，抬着空的轿子在路上飞奔，前面的人可以急停，也可以突然转向；后面的人也可以急停或转向。通过这种突然袭击的方式，来展示力量、速度和人的反应。

抬轿的人也可以相互“整人”，比如把轿子抬高，让轿子滑到一边去，也可以踢轿子，或者把轿子的重量落到前面抬轿的人身上去。用轿子的重量去“整”对方，这是一个很有意思的过程。

在村庄绕庄游走、祭拜祈福的过程中，有“钻轿”的民俗。有婴儿的人家通常将轿子请停下来，抬轿的人抬起举高一点，孩子的奶奶或者亲人抱着婴儿在轿子底下钻过去，称为“钻轿”，以此求神灵保佑婴儿健康平安成长。

七、祭祀礼品的变化

祭祀礼品的变化，一方面与人们生活水平的提高有很大关系，比如瓜菜改成鸡，素菜改成荤菜。从饮食角度来讲，祭祀礼品样式的变化，既是祭祀礼品质量的提升，也是老百姓生活水平提高的反映。

另一方面，与村庄的变化也有关。比如祭祀礼品由整猪改成猪头，这其中有流动人口变化的因素。一是随着农村城镇化的进程，农民的居住生活有所改善；二是劳动力市场化，越来越多农民外出打工。这两个变化因素，共同使得待在农村的人口变少。整体上讲，农民的生活质量有所提高，但是依靠农业的人变少了，祭祀品也就不太丰盛了（实际上，也收不上那么多钱来买祭祀品）。

八、逸闻两则

1. 瓜菜祭

党家山瓜菜祭，相传四府龙王在吃会过程中路过党家山，一个农妇刚刚从田地里摘瓜就遇到四府龙王。出于虔诚，农妇就地献上鲜瓜以表敬意。此后，四府龙王吃会在党家山也成了风俗。

2. 麻池坝取消祭祀礼

相传麻池坝曾经有吃会的风俗，但在清末时期，四府龙王吃会的轿子在向麻池坝走的时候，其村的刘贡生正带着他的孙子玩耍。他跟孙子说，吃会的龙王过来了！孙子问，在哪里？刘贡生用拄的拐杖指着正经过他面前的四府龙王轿子说，你看，这不是过来了！这时候，送爷的人认为这一指对神灵很不尊敬，掉头便走，从此不在麻池坝吃会了。

九、四府龙王吃会民俗形成的思考

在西和这小范围内，为什么会形成四府龙王这样一个“雨神”的崇拜系统？说来正是这地域的生存条件所引起的。

四府龙王的祭拜范围，大致在兴隆乡、西峪乡、稍峪乡、卢河乡、晒经乡（以前还有马元乡鲍家河），是一个相对小的崇拜区间。时间上定在每年的农历七月到八月。在这之前，这些村庄在农历五月有祭祀雷神的习俗。这样，对雷神的祭祀礼的尊崇和对雨神祭祀礼的尊崇并举，深层次上反映出农耕文化对天气等不确定自然因素的敬畏。

在黄土高原地域的西和人民，生活用水都要到山沟取，人背马驮，农业用水更是没有保障。在长期与自然的搏斗中，极端恶劣天气早已经让人匍匐在未知神灵的脚底下。所以，对自然的敬畏就转化成对其生产、生活中影响最大的自然神的敬畏，延伸表现为对其代表的图腾、龙的崇拜表达。

龙，是中华民族的整体崇拜图腾，同时，这也是雨神的图腾。在中华大地上，龙王就是雨神，对于一个农耕文明国度来讲，这样的崇拜是持久而亘古不变的。

如果说雨神是农耕文化的深层需要的话，雷姓将军人格神的出现则是寄寓了人们对现实生活的安全需要。天高皇帝远，玉皇大帝再好，也管不过天下黎民百姓。出于百姓庇护的需要，把汉代将军人格神和雷姓的龙王神结合起来，称“四龙王爷”。这同唐太宗李世民让秦琼、尉迟敬德守门，后来变成门神是一样的。只不过他们通行于大唐王朝，而雷氏将军仅仅存在于西和这个小地方。

巩昌府祈雨，让四龙王庙的雷姓神灵和李爷、王爷、敖爷一起扬名远近。李爷为上寨李姓族人的先祖，王爷为王家斜坡人的先祖。敖爷虽然以割漆为生，但是生前亦为人保镖护商，是保一方安宁的英雄人物。

生活的需要，让人们把对自然神的崇拜、对先祖的崇拜，以及对英雄的崇拜结合起来，把农耕文化的图腾崇拜和现实需要的人格神崇拜结合起来。在巩昌府祈雨后，形成以四龙王庙雷姓人格神为首，李爷、王爷、敖爷人格神为辅的四府龙王多元化雨神，成为和先祖崇拜为一体的地方崇拜现象。

拾壹

第十一章

社火民俗

第一节　社火起源

“社火”一词始见于宋代。据《东京梦华录》（卷八）记载：六月二十四日，灌口二郎神生日，二郎庙前露台上设乐棚，有“社火呈于露台之上”。可见宋朝的民间社火已是包罗万象，气象万千。

社火起源学说纷杂，有“射虎说”，有“土地与火神崇拜说”，有“驱鬼娱神说”等等，总之都是人与自然力量的互动关系。而发展到现在，主要变成娱乐的形式。

起一台社火，在农村要全村总动员，在正月就要准备，初十以后就可以开始耍社火，有些要耍到农历二月二才卸降。

本地社火主要是黑社火（晚上的），也有马社火（白天的），随着时代的变化，现在白天的社火变得多起来。

第二节 社火的基本表演内容

社火在笔者家乡一般称为“耍社火”，主要是因为舞龙、舞狮的场面，既是力气活，又是技巧活。

耍社火，一般包括打鼓乐、唱社火歌、舞龙舞狮、耍拳术、摆旱船、演妖婆几个内容。

一、打鼓乐

一般乐器，通常指乐鼓（大鼓）、大镲、小镲、小锣，为一幅家具。另有长号和牛角扁。

二、唱社火歌

唱社火歌，是考验一台社火成功与否的标准之一，有专门的乐队配合演奏。一般有二胡、手风琴、口琴和笛子。

社火歌分男、女队两种，这其中配套的是灯笼。旧时没有电灯，一般是用蜡烛点燃后，在用纸糊的灯中照亮演出。

男性的灯笼要较大力气才能举起来，一般为高起的掌灯，是长方体形的灯笼，顶上有鲜艳的纸花，灯笼的纸上画的是年画、人物、花卉、吉祥如意的话等等。摆队的造型有卷白菜、太子游四门等。

女性的灯笼一般是圆形的提灯，纸上画的也是花卉、人物、吉祥如意的话等等。左手会配一个打节拍的，通常是用竹子做成，呈扇子状，小三角形，短边中间是一根铁丝，穿三五个铜钱就可以打节拍。这样，她们可以边跳舞边变换队形。

社火歌的内容很丰富，有《进状元》《扬州观灯》《走宁夏》《下四川》《摘豆歌》《摘葡萄》《南桥担水》《大卖花》等等。唱社火歌是边舞边唱，一般是走“十字步”，进退自如，变化随意。加上手上的动作，舞动起来左右摇摆，所以俗称“扭秧歌”。

三、舞龙舞狮

舞龙时特别强调年轻人力气和技巧的结合，一般是6—10个人，舞龙头的人是整个舞龙的指挥。跑动加双手的挥舞，舞得好的话非常壮观，所以叫“耍”。

另有牧牛舞动，是地方特色，因为到春天了，要开始耕地，所以有牧牛的表演。

舞狮比较灵活，两个人一组，表演抢绣球。

四、耍拳术

一般有拳术表演，主要是棍术和拳术，可增加观赏性。

五、摆旱船

摆旱船是民间社火里是必不可少的，船里的船媳妇一般会男扮女装。

六、演妖婆

演妖婆是插科打诨的角色，一般是男扮女装，语言诙谐，灵活多变。在耍社火的现场，与观众交流得最多的就是妖婆。

不同村庄的社火可以互相拜年，到对方村里去耍，也可以轮流到其他村庄去耍。去其他村庄的时候，原则是“先近后远”，如果走了先远后近，就是所谓的倒卷帘，是对对方村庄的不尊敬，很容易闹得不愉快。

一个村子接另一个村子的社火，从鸣炮礼开始，到这个社火团队的人全部进村庄到演出，鼓声是不能停的，如果停下来则表示对别人不欢迎。一般会选择两组人手，轮流打鼓欢迎，人歇鼓不停。

随着时代的变化，白天的社火逐渐多了起来，加入了许多现代元素，比如打扮汽车、统一服装等，让人们在过年的闲暇里过得更加充实。

拾贰

第十二章

婚姻民俗

结婚民俗是一个地方的重要民俗，此即所谓的红事情。古代时候结婚讲究《周礼》上记录的“六礼”，指的分别是“纳采、问名、纳吉、纳征、请期、亲迎”。而在笔者家乡，随着时代的变迁有些变化，结婚及婚育的流程大致如下：

一、说媒

男方请媒人去女方家说媒，这有个前提就是先要打听，主要打听对方有没有遗传疾病，对方家庭的人品以及长相等等。如果合适就去请媒人说媒。现在的年轻人结婚，是自己先谈恋爱，合适的话就商量结婚，请一个双方都认识的人去做现成的媒人。

二、奠酒

奠酒，带有一定的仪式性，双方家庭同意，就举行订婚仪式。这个仪式上要敬女方的先祖，带彩礼去，把婚事定下来。

三、商量话

婚事确定下来后，双方按照结婚男女的生辰八字确定结婚日期。商量话的主要内容是，往来亲戚的人数、车辆、迎送、婚后看望等内容。现在元旦、

五一、国庆结婚也很流行，而且往往把奠酒和商量话同一天一起办好。

四、结婚

结婚当天，男方家去迎亲的人数必须是双数（偶数），必须至少是三辈人，迎亲的长辈必须是有子女的（送亲同理），是福寿全、人丁旺的人。男方要带一只空箱子（其实里面有压角的红包），并带香、蜡、黄表（缠红纸）、酒，准备敬女方的先人。另外要带花馍馍八个，上面点红色花瓣纹，俗称“盘”。

迎亲队伍到女方家，先有简单的招待，然后敬先人，迎送亲的人同辈人点香、蜡、纸并磕头，敬酒后出发。

娘家送亲的人也是双数，人数由商量话时按照双方的意愿来定。旧礼女方出嫁有哭嫁的风俗，是难舍父母、不能尽孝之意。现在基本上没有了。

女方给男方带的空箱子里要装女方的衣服、鞋子等，并在箱子角落放同男方家对等金额的红包，然后把箱子锁起来，背上送到男方家。

女方送亲队伍里有一个特别的角色，叫“下马羊”，是古代婚礼民俗，即新娘家带给夫家一只羊。羊是吉祥的意思，即新娘能给夫家带来吉祥。现在“下马羊”一般是新娘的弟弟或者侄子表示庆贺的意思。

女方上车，延续旧礼数，是由哥哥或者弟弟抱上车，然后出发。

新娘迎接除鸣炮礼，在新郎家门口有面升，并插擀面杖，另有一罐子水，即有带禄粮的意思，也表示厨房为女人主要的生活劳作场所。

男方给下马羊红包，表示一路牵马过来辛苦。迎接新娘入新房，招待娘家，陪娘家用餐的人一般是媒人和双方都熟悉的人。

五、拜天地

按照双方生辰八字推出拜天地时间，男女双方在司仪的主持下，焚香，点蜡，焚纸，敬酒，磕头，礼成。拜天地时，一般会捉弄新郎新娘，特别是新娘。

六、看嫁妆

一般是男方家的姑姑、舅母、婶婶、姨妈等女性客人来看女方的嫁妆，这个流程是过程。看嫁妆需要看娘家陪嫁装在箱子里的东西，而钥匙在背箱子的人手上。所以，找新娘看嫁妆时，新娘会说，钥匙在背箱子的人手里。这时姑舅会送红包给背箱子的人，以拿到钥匙，然后请新娘打开箱子，礼节性地看看并在衣服下面放红包。意思是嫁妆很好，能带来财运之类的祝福。

七、招待来宾

现在一般是上午送礼祝贺，简单吃汤菜，下午吃流水席。通常是凉菜、行菜、坐菜。凉菜有六个菜或者八个菜。各个来宾开始喝酒聊天。

所谓行菜，是行走的菜。因为是炒菜，热的，往往连续端上来供享用，吃完后撤掉盘子。行菜中的第一道菜是鸡肉或者猪里脊肉炒的菜，俗称“打头鸡”，取“吉祥如意”的意思。行菜中最后一道菜是糯米红枣花生甜品，取“甜甜蜜蜜”的意思。最后是坐菜，所谓坐菜，是相对行菜而言的，一次性上齐，有米饭、菜、汤。

开始吃行菜时，新郎要给来宾磕头，表示感谢。并同新娘一起给来宾敬酒，以表谢意。流水席开始时，娘家席由新郎的舅舅陪同，以示尊敬。

餐后送娘家人前，娘家人会请长辈给婆婆敬酒。从古到今都是婆媳难相处，给婆婆说多担待自己家孩子的话，给新娘说多孝顺的话，先做一定的准备工作，是这个礼节的功能性，然后鸣炮送娘家人回。

八、闹洞房

闹洞房的风俗热闹，俗称“掐媳妇”，是当天喜事最热闹的环节。会捉弄新郎新娘，如果他们没有按照大家的意思来办，那就在身上“掐一把”。掐得两个人求饶，当天主要受伤的是伴娘。当晚有点烟、吃喜糖，多种花样，但整体上以图个吉利热闹为主。

扫炕，请一位福大命大、属相相配的中年妇女给新娘新郎扫炕，一般会在被子下撒上核桃和红枣等，寓意是早生贵子、儿女双全。

闹洞房结束后，新人就寝。过去还有婆婆听墙根的风俗，现在没有了。

九、看新娘

旧礼是三天上娘家组织女性亲戚朋友看新娘，现在一般第二天就看。现代人生活节目丰富，由于时间问题，新鲜产品要在冰箱存放，但时间一长，新郎家就不好安排。索性第二天就看新娘，这样，这边厨房用品及其他都是现成的。

十、吃试刀面

旧礼是四天上婆家组织左邻右舍、姑嫂婶娘聚在一起吃饭。当天是新娘在婆家第一次做饭，要试一试新娘的手艺如何，俗称“吃试刀面”。礼节上讲，结婚期间，左邻右舍女性都参与帮忙，有答谢的意思。实际上是新娘以后要跟左邻右舍的女性打交道，先认识、熟悉一下。一般会给新娘红包，表示感谢。

十一、回门

旧礼是住在新郎家八天后，两人一起回娘家，也住八天，算是回门。现在基本上没有天数的规定。

十二、生孩子后办满月酒

结婚后一段时间，有新生命降临，对一个家庭来讲是非常喜庆的事情。满月的时候，要办满月酒。俗称“办出月”，主要是婆家、娘家的女性参加，但是随着时代的变化，在酒店办满月酒宴请嘉宾时，男女都会参加。

十三、转魏家

西和人把外公外婆称“魏爷”“魏婆”，这是怎么来的呢？经过查找资料，发现这样的称呼可能与三国时代汉献帝刘协有关。

东汉延康三年（220年），汉献帝刘协禅让帝王位给魏王曹丕，东汉灭亡（蜀汉存在）。刘协被封为山阳公，曹皇后被贬为曹美人，就在今天河南焦作的山阳区。刘协不当皇帝后，依据先前在皇宫收藏医书的条件，有丰富的医学知识，给当地人开始看病。用现代人的话来说，就是当了乡村医生。当地人不把他们称山阳公，而称“大人”，简称“大”；不把他的曹皇后称“美人”，而称“美”。在焦作，这种称呼现在还在用。

他们在山阳生的孩子，称外祖父曹操为“魏公”，称外祖母为“魏婆”。当地人跟着他们的叫法流传了下来。山阳公刘协害怕他们的孩子会被追杀，所以孩子们称呼不是按照伯、仲、叔、季的次序来，而是让孩子排行老几就称“几大”。这样一来，他们家族外的人就模糊了他们的血缘关系，对于一个亡国的末代帝王子孙来讲，相对安全一点。

西和也是这样称呼外公外婆的，但不知始于何时，也不知与曹魏山阳公有无关系，但确有把外公外婆家称为“魏家”的说法。转魏家，就是转到魏爷魏婆家，带孩子去外婆家小住，普通话讲就是转外婆家。

拾叁

第十三章 丧葬民俗

生老病死乃自然规律，从古到今，殡葬有约定俗成的礼仪。人去世后，要贴白色对联，穿白孝衫，通常称为“白事情”。

在西和县西峪乡上寨村一带，老人去世后的民俗大致如下：

一、转山

人去世后，孝子要背上亡人在炕上转三圈，俗称“转山”，意思是亲自躬背上山，以显孝道。亡人挪到地上后，双脚要用大麻绳绑上“铧”，以防游尸，但也有入土为安的意思。门口插上殃布条，请阴阳先生（风水）占卜日子和墓穴。

二、入殓

给去世的人擦洗后穿上寿衣，并抬入棺内，亲属围着棺材转一圈以观遗容，表达最后的思念后钉棺。

三、成服

给孝子按照不同辈分和亲疏关系穿孝衫，称为“成服”，成服后孝子就不出来走动，专门坐在草铺上守孝。亡人的儿孙两辈人穿白孝衫，以示哀容；重孙辈穿红色孝衫，意思是长寿有福之人。四世同堂了，人丁兴旺，重孙就穿红孝衫。

四、祭奠

祭奠俗称“行情”，亲朋好友按照阴阳先生（风水）卜定的祭拜日期送礼、挂挽幛，祭拜时孝子要还礼。若有哭丧的亲朋，孝子要陪哭丧礼。

五、叫礼

在亲人去世后，一般会选择念经文，超度亡灵，有道教的方法，也有佛教的方法。“叫礼”也叫“儒家的超度”，是指选择儒家礼来祭奠亡人，以示孝道，通常是三献礼。叫礼的人，称为“礼宾”，礼宾有四位，加上乐工，基本上是一个完整的班子。但不一定行孝子祭拜礼，由主家选择[①]。

六、送丧

按照阴阳先生（风水）占卜的日子起丧送葬。起丧前，先简单地吃个便饭，俗称“暖丧饭”。然后抬棺出门，孝子手端亡人牌位，前面挽幛牵引举哀，亲友抬棺相送上墓穴地。路过的人家，在门前点一把麦

① 朱天相. 古丧礼简录［M］. 西华电脑服务中心，1993.

草，以示祭拜送行。

到墓穴后，按照孝子或者孝孙的生辰，占卜下葬的时辰。最先要填入墓穴三铁掀土，由孝子亲自铲入，后续填土则由亲友完成，孝子跪拜举哀。

坟堆起后，用木椽滚三次，孝子的拐拐（孝子棒）分两排插到坟堆的土上，阴阳先生（风水）念经超度。其他亲友返回家中，下山，主家招待。

凡是参加送丧回来的人，孝子中选一人在大门口磕头行致谢礼，直至阴阳回来，礼毕。

七、守孝

西峪乡上寨村一带有“忌垢甲”的风俗。所谓忌垢甲，就是除了洗脸刷牙外，不洗澡，不洗衣服。通常要忌七七四十九天，也有忌一百天的。意即亲人去世，伤心难过，无心洗漱，以示孝道。

这个风俗在成服当天晚上开始计算，所以成服前一天要进行一次彻底的洗澡、洗衣服，后续则只是换衣服但不洗澡。随着现代人卫生观念的增强，忌垢甲的人越来越少。

送丧后的第三天，有“复土”的风俗，即早上天还没有亮起来，就带铁锨祭拜，在坟上添加土并用铁锨拍几下。相传此风俗起源于晚清到民国时期，因为害怕有人来盗墓，第三天上来重新看一下坟，此风俗由此而来。

七期祭拜，从送葬的第一天算起，每隔七天祭拜一次，七七四十九天后不再祭拜，然后到从送葬的第一天起计算，第一百天祭拜一次。分别称为“七期”和“百日”。

在农村，一般按照农历计算周年，每隔一年就在同一天进行简单的祭拜，亲朋好友都来参加，第三年时最隆重，对联为红色，表示孝期已尽，开始新生活。

附录

采访人员名单

在整理这本《双龙寨纪事》的过程中，笔者采访了许多人，现按照年龄排序，把他们的名字分列如下，以表谢意！

李尚林　李殿珍　李耀林　李养志　张崇礼　李实诚
张玉琴　李俊文　李耀唐　李逢春　李卫泽　李香花
李多利　李步营　杨成弟　李培泽　李振洲　李小领
李争锋

在此过程中，仍然有许多不知道名字的人，比如在采访四府龙王吃会过程中，采访查询了约40个村庄，每个村庄不一定能问到对的人，所以往往要问好多人才能够了解清楚一个史实。被采访的这些人都是朴实热情的，但当时并没有全部记录下他们的名字，现在一并致谢！

后记

这本寄托着乡愁的《双龙寨纪事》即将付梓，笔者不禁又会想起小时候。20世纪80年代，西北农村的生活并不富裕，娱乐条件有限，没有电，也还没有实现“电灯电话，楼上楼下”的愿望。农村里的人攒劲，不是希望那个到县城而是要到更大的城市，才能带着一星半点好生活的片段讲给村里人听，这让常年生活在农村的普通人心里泛起向往的涟漪。

由于父亲是县矿山工人，所以笔者很幸运，可以到他们工作的地方去过暑假，比一般的同龄人更早、更多机会见到机器设备和一般的电器，包括电话等，当时所见到的电话是黑色手摇款。在暑假里，小孩子会恶作剧般地把放在窗台上的黑色手摇电话摇几下，害得接线员接起来，喂几声，丢下又跑。笔者当时也看到了彩色的电影，记得当时看的第一部电影是《木棉袈裟》，是当工人的八叔带去看的。那时候，向往更多的是有电的生活，而楼房对笔者的吸引力并没有那么大。虽然向往，但还是喜欢在没有电的农村里生活，毕竟那是一种自由自在、无拘无束的状态。

在农村平淡的日子里，没有特别的娱乐方式，饭后总会有一群人围着谝闲传（西北方言，聊天的意思），听古今（西北方言，听故事的意思）；在祭祀先祖的时候，总有老者复述上辈人讲过的先人事迹；在劳动的时候，总能听到祖祖辈辈生活在土地上的先人们的各种事情。而对我们孩子来讲，最高兴的还是节令的时候，不管何种节令都有娱乐活动，这符合孩子贪玩的天性。最重要的是，往往都能得到点好吃的。而某些如社火、将爷等的大型活动，随着年龄的增长，参与度会高起来。虽然没有电视、电脑，也没有手机，却有这些自然的娱乐方式。

随着年岁增长，笔者由于读书和工作的原因离开了农村，在陌生的城市漂泊了近18年。可是，那农村的快乐时光时常浮现在脑海，或许是怀念童年，或许是追忆青春，总是对家乡的村庄有强烈的情感，其中更多的是对生活的眷恋。于是，便萌发了一种冲动，希望把过去的生活梳理出来，问一问我们究竟从哪里来，要到哪里去。可能最终并没有确切的答案，但总算努力过。正是出于这样的初衷，笔者鼓起勇气，从2013年开始收集口述资料和寻找实物资料，并整理文字，用考证的方法和思辨的思路，动笔写我所生活过的村庄双龙寨的历史，逐渐形成这本书。

在写作此书的过程中，很多人给予了我帮助和鼓励。首先，要感谢我尊敬的六祖父李耀林老先生和堂祖父李耀唐先生。李耀林老先生今年88岁，但依旧思维活跃，记忆清晰。他把珍藏多年的举人李煓的硃卷赠予我，给我讲了1949年前的许多往事，并给我寄来1997年版的《西和县志》和宁世忠先生的《杂碎小集》，以支持我写作；李耀唐先生今年72岁，经常参加农村的红白喜事以及民俗活动，拥有广博的知识和丰富的实践经验，能较完整地口述一些民俗内容。

其次，要感谢我尊敬的两位老师，郭辉先生和魏泽民先生。郭辉先生是我上高中后的历史老师和班主任，他的历史学认识观念对喜欢历史的我影响极大。他赠予我《西和县志》（康熙、乾隆、民国三志合一版）以便查阅资料，也在写作的过程中鼓励我坚持；魏泽民先生是我的语文老师，不仅给我寄来参考资料《杂碎小集》，赠予我《陇南节日民俗研究》，还逐字逐句地审阅此书稿，修改了文法和笔法的部分错误，对我的书写提出了指导意见，并联系出版社，给了我非常大的支持和鼓励。

再次，要感谢尊敬的萧杰先生对我的关照；感谢我的朋友丁柏林绘制了书中必要的插图；感谢我的朋友苏丽霞；感谢我尊敬的堂叔李文红先生对我的支持；感谢杜小陆先生、汪春华先生对我的帮助；特别感谢南方日报出版社郭海珊女士对本书的编辑出版付出的辛勤努力；同时要感谢南方日报出版社王燕女士对本书的认真校对。

最后，要感谢我家人给我的支持，特别是感谢我的爱人夏茴香给我的支持和关爱。她为我付出了最宝贵的青春年华，给了我最真挚的爱。但非常不幸的是，2017年5月15日，她给我留下了一对儿女和无尽的思念后，因病离世，这是我一生的愧疚。愿她在天堂安息！

路遥先生说过："作家的劳动绝不仅是为了取悦于当代，更重要的是给历史一个深厚的交代。"我不是一个严格意义上的作家，但把自己经历时代的事实通过不同体裁记录下来，对于一个有志于走写作道路的人来讲，这是一种责任。

李谋宏

2017年8月31日于广东虎门